KB061997

부자의 글씨

**일러두기**

본문에서 언급하는 단행본이 국내에서 출간된 경우 국역본 제목으로 표기하였고,
출간되지 않은 경우 최대한 원서에 가깝게 번역하고 원제를 병기하였다.

# 부자의 글씨

## 부와 운을 끌어당기는 최상위 부자의 필체

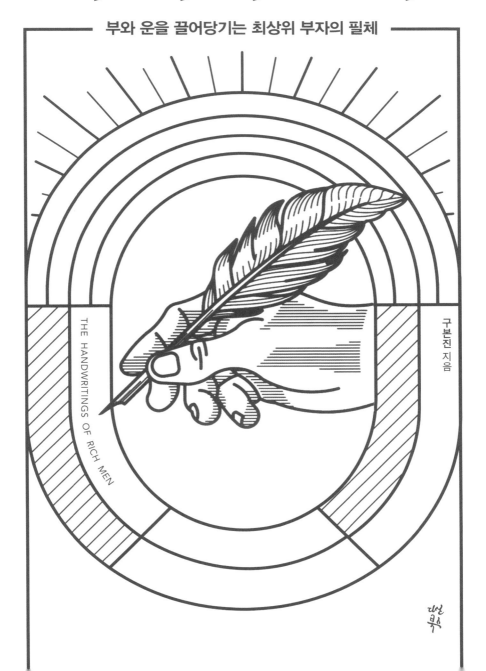

THE HANDWRITINGS OF RICH MEN

구본진 지음

다산
북스

# 당신의 필체는
# 부자를 향하고 있는가

꿈꾸고 원하고 실행해야 성공을 얻을 수 있다. 당신은 당신 운명의 건축가이자 주인이며 당신 인생의 운전자여서 성공하기 위해서는 스스로 바뀌어야 한다. 모든 성공의 근원은 '뇌'이기 때문에 성공을 얻기 위해서는 뇌와 불가분의 관계인 글씨체를 바꾸는 것 만한 방법이 없다. 글씨체와 뇌는 상호작용한다. 글씨체는 '뇌의 흔적'이자 '몸짓의 결정체'이기에 글씨체를 바꾸면 뇌가 변한다.

20여 년 전, 검사로 살인범과 조직폭력배들을 수사했는데, 그들의 글씨에서 일반인에게서는 볼 수 없는 특징을 발견한 것이 글씨와의 첫 인연이었다. 글씨에 대한 관심은 독립운동가와 친일파 친필 수집으로 이어졌고, 항일과 친일의 글씨 또한 서로 확연한 차이가 있다는 사실을 발견했다. 수

사와 수집에서 얻은 경험을 이론적으로 체계화하기 위해 15년간 해외의 필적학 서적을 구해서 연구했다. 그리고 2,000명 이상의 글씨체를 분석했다. 글씨와 사람이 연관이 있다고 본 사람은 공자, 주자, 이황, 송시열, 아리스토텔레스, 셰익스피어, 괴테, 발자크, 에드거 앨런 포, 보들레르, 구스타프 융, 아인슈타인 등 헤아릴 수 없이 많다.

글씨 분석에 어느 정도 자신이 생긴 다음에는 삶에 도움이 되는 글씨 연습 방법을 고민했다. 동양에서 수천 년 동안 글씨 연습을 통해 인격 수양, 즉 내면을 바꾸는 방법이 행해졌고 효과가 입증된 점에 착안했다. 서양에서도 20세기 초반부터 프랑스 소르본대학 등에서 글씨 연습이 알코올 중독 치료, 어린아이의 성향 교정 등에서 유의미한 효과가 있었다는 사실을 확인했다. 국내 논문들도 글씨 연습이 삶의 만족도나 집중력 향상 등에 효과가 있다는 데 결론이 일치했다.

그런데 글씨 연습을 하면 내면이 어떻게 바뀌는 것일까? 국내는 물론, 프랑스, 미국 등의 연구 논문과 사례들을 분석한 결과, 연습한 글씨체가 의미하는 성향과 바뀐 내면이 일치한다는 놀라운 사실을 알아냈다. 즉, 연습하는 글씨가 의미하는 성향대로 내면이 바뀐다. 예를 들어, 가로선이 길다는 사실은 강한 인내심을 의미하는데 가로선을 길게 쓰면 인내심이 강해진다. 그 연구의 첫 결과물이 2020년에 쓴 『필체를 바꾸면 인생이 바뀐다』라는 책이다.

"인생이 바뀐다는 말을 정말 믿지 않았는데 제 내면이 확연히 바뀌고 생활도 긍정적으로 바뀌었습니다."와 같이 긍정적인 반응이 많았다. 좀 더 쉽고 구체적인 방법을 알려 달라는 독자들의 요청에 따라 쉽게 따라할 수 있는 글씨 연습책을 내기로 마음먹었다. 그 첫 번째가 압도적으로 요청이 많았던 부자가 되는 글씨체다. '부귀'라는 단어에서 알 수 있듯이 공자가 살던 시대에도 재산은 지위보다 더 중요하게 여겨졌다. '부'를 뜻하는 영단어 Wealth는 행복을 뜻하는 고대 영단어 weal과 상태를 뜻하는 th에서 유래됐다. 합쳐서 '행복한 상태'라는 뜻이다.

1부에서는 우선, 미국 경제 전문지 《포브스》가 발표한 억만장자 리스트를 참고하여 가급적 자수성가한 슈퍼리치들을 추렸다. 이병철, 정주영, 앤드류 카네기, 존 D. 록펠러, 헨리 포드, 폴 게티, 조지 소로스, 워런 버핏, 오프라 윈프리, 스티브 잡스, 빌 게이츠, 제프 베이조스, 일론 머스크, 마크 저커버그, 카를로스 슬림, 잉바르 캄프라드, 아만시오 오르테가, 베르나르 아르노, 리카싱, 류촨즈, 마윈, 마쓰시타 고노스케, 손정의, 수닐 미탈, 알리코 단고테 등 35명이다. 이 사람들이 가진 글씨체의 공통점들을 분석해서 부자가 되는 성향을 찾아냈다.

2부에서는 부자의 글씨체를 연습하여 부자가 되는 방법을 제시했다. 글씨 연습은 비용이 거의 들지 않고 시간과 장소에 구애받지 않으며 효과도 좋다. 이 책에서 제시하는 방법으로 연습하면 우선 인내심, 긍정적 사고, 결단력, 책임감, 절약 정신, 자신감 등 부자의 성향을 가지게 되고 결국 부자가 될 것이다. 부단한 노력과 연습만이 당신의 삶을 송두리째 바꿔 놓으리라 확신한다.

누구나 자기 운명을 지배할 수 있다. 글씨체를 바꾸는 것만으로 어떻게 부자가 되느냐고 의심하지 말고 꿈꾸고 믿고 따라 써 보라. 그러면 마법이 시작되고 삶의 거대한 변화가 생길 것이다. 이제 손글씨는 의사소통보다 내면을 바꾸는 수단으로써 중요성이 더 크다. 멋진 글씨체를 가지게 되는 것은 덤이다. 이 책을 선택한 순간 당신의 성공은 시작되었다. 당신의 능력이 당신이 생각했던 것보다 상상 이상이라는 사실을 확인하게 될 것이다.

구본진

# 목차

일곱 번째, 최고를 지향하며 세로를 길게 빼라

여덟 번째, 개방성과 창의력은 곡선에 달렸다

아홉 번째, 비전과 이상을 실현하려면 가로선을 높게 하라

열 번째, 통찰과 직관의 힘은 연면에서 나온다

제2부

# 연습, 부자로 가는 길

# 글씨가
# 부자를 만든다

## 글씨는 곧 사람이다

서예의 종주국인 중국은 전통적으로 글씨에서 그 사람의 성품과 학식을 알 수 있다고 믿었다. '글씨가 곧 사람書如其人'이라는 말은 이를 함축적으로 보여준다. 그래서 글씨 쓰기書法를 지식인의 덕목으로 삼았고 기원전 1,000년경에 이미 글씨 분석을 했다.

소동파『논서論書』에서 글씨에는 신神, 기氣, 골骨, 육肉, 혈血이라고 하는 5가지 중요한 요소가 있다고 말했다. 청나라의 서론가 왕주는『논서잉어論書賸語』에서 소동파의 말에 근筋, 정精, 맥脈을 더하여 8가지 요소가 있다고 하여 글씨를 사람과 동일하게 보았다.

공자는 글씨를 보면 그 사람이 귀한 사람인지 천한 사람인지 알 수 있다고 했고, 한나라의 철학자 양웅도 글씨로 군자와 소인을 구별할 수 있다고 했다. 송나라의 유학자 주희는 "글씨를 쓰기 전에 제일 먼저 뜻을 바르게 세우라"고 말하며 글씨에 고결한 정신이 담겨 있어야 함을 강조했다.

글씨에 대한 이러한 생각은 우리 조상들에게도 마찬가지였다. 글씨는 의사소통의 수단이었지만 궁극적으로 인격 수양의 방편이었고 또 그 결과였다. 글씨를 학문과 수양의 결정체라고 보았기 때문에 자신을 완성하기 위해 글씨를 쓰고 또 썼다.

퇴계 이황은 "마음이 바르면 글씨도 바르다"라고 했고 우암 송시열은 글씨를 "심획心劃이자 덕성德性의 표출"이라고 말했다. 추사 김정희는 문자향 서권기文字香 書卷氣를 강조했는데, 글씨와 그림에 학문과 인품의 향기가 배어 있어야 한다는 뜻이다.

밤낮을 잊고 한두 달 계속 붓을 잡았던 조선의 문신 김상숙은 『필결筆訣』의 발문에서 "무릇 글씨를 쓴다는 것은 마음이 붓에 들어가는 것이니 마음의 손가락이 필관을 견고하게 잡아야 한다. …… 마음은 붓에 전달하고 붓이 종이에 달하면, 종이는 받아서 글씨를 이루니 소리와 기식이 없어도 덕은 거기에서 존재한다. …… 손에서 도모하지 말고 마음에서 도모해야 하니, 마음이 발동하면 손은 저절로 움직인다"라고 했다.

서양에서도 글씨와 사람 사이에 상관관계가 있다고 믿은 사람들은 셀 수 없이 많다. 아리스토텔레스와 아테네의 철학자인 데메트리오스 팔레레우스는, 글씨가 글쓴이의 성격을 드러낸다고 말했다. 셰익스피어는 "내게 손글씨를 보여주면 그 사람의 성격을 말해주겠다"라고 하였다.

괴테, 스탈 부인, 월터 스콧, 발자크, 알렉상드르 뒤마, 벤저민 디즈레일리, 로버트 브라우닝, 보들레르, 아서 코난 도일, 구스타프 융, 아인슈타인, 콘스탄틴 게오르규 등도 글씨와 사람 사이의 관련성을 믿었다. 소설가 에드거 앨런 포는 주변 사람들의 서명을 분석한 책을 썼다. 찰스 다윈은 자신의 글씨체가 할아버지를 닮았고 성향과 관심도 유사하다고 하면서 글씨체는 유전한다고 주장했다.

동양에서 인간의 본성을 탐구하는 철학을 바탕으로 글씨를 연구하는 서론書論이 발달하였다면, 서양에서는 합리적, 분석적인 사고를 바탕으로 글씨를 크기, 모양, 간격, 기울기 등으로 분석하는 필적학筆跡學, 그래폴로지Graphology가 발달했다. 필적학이란 어떤 사람의 글씨를 보고 그 사람의 내면을 추론하는 학문 분야다.

로마의 역사학자 수에토니우스가 아우구스투스 황제와 그의 글씨체가 놀라울 정도로 가깝다고 한 것이 최초의 필적학적 접근으로 알려져 있다. 체계적인 필적학은 르네상스 시대의 장식적 글씨체가 쇠퇴하고 개인의 글씨체가 탄생한 17세기부터 발달하기 시작했다.

## 필적은 뇌의 흔적

필적학은 글씨체가 인간의 내적 세계를 반영할 수밖에 없다는 전제에서 출발한다. 글씨를 쓸 때, 뇌에서 손과 팔의 근육에 메시지를 전달해서 선,

굴곡, 점 등을 만들기 때문이다. 그래서 글씨체를 분석하면 그 사람의 내면을 파악할 수 있다고 본다.

1622년 이탈리아의 의학자이자 볼로냐대학교 교수였던 카밀로 발디Camillo Baldi는 글씨체가 심리, 즉 사람의 성격과 연관성이 있다는 사실을 논리적으로 밝혔다. 그 후에『편지에서 사람의 성격과 수준을 알아내는 방법Trattato Come Da Una Lettera Missiva Si Conoscano La Natura E Qualità Dello Scrittore』이라는 책을 썼다.

'필적학'이라는 용어는 1875년 프랑스의 신부였던 장 히폴리토 미숑Jean-Hippolyte Michon에 의해 처음 사용되었다. 장 크레피유 자맹Jules Crépieux-Jamin에 의해서 필적학이 크게 발전되었고, 그가 쓴 책『손글씨와 표현L'écriture et le caractère』은 프랑스 필적학의 성전이 되었다.

독일의 철학자 루트비히 클라게스Ludwig Klages 박사는, 필적은 전체를 파악하는 것이 중요하다는 철학적 방법론을 제시하여 직관적, 경험적 방법에 의해 필적을 추적하기도 했다. 그는 필적학에 철학적 근거를 제시했다.

독일의 필적학자 빌헬름 프레이어Wilhelm Preyer는 1895년 그의 저서『필적심리Zur Psychologie des Schreibens』에서 글씨를 쓰는 신체의 모든 부분을 지배하는 것은 대뇌이므로 글씨는 '뇌의 흔적'이라고 말했다.

그 이외에도 유명한 철학자, 심리학자, 과학자들이 글씨의 비밀을 조금씩 밝혀냈다. 그 중 하나가 노벨상 수상자인 앙리 베르그송Henri Bergson과 피에르 자네Pierre Janet이다. 마약이나 알코올 남용이 글씨에 영향을 준다는 사실도 확인되었다.

스위스의 심리치료사 막스 풀버Max Pulver는 상징주의의 중요성을 강조한 첫 번째 필적학자로서 손글씨의 무의식성이 중요함을 강조했다. 필적학자들은 글씨를 두고 '몸짓의 결정체'라는 말을 자주 사용한다.

그 후에도 독일, 프랑스, 스위스, 이탈리아, 미국, 영국, 이스라엘 등에서 필적학자, 심리학자, 생리학자, 의사들이 필적학을 발전시켰다. 위 국가들은 물론, 중국, 일본, 네덜란드, 캐나다, 벨기에, 아르헨티나 등에서도 필적학 서적이 출판되었다.

유럽에서는 필적학이 주로 심리치료와 함께 발달했다. 반면에 미국에서는 필적학 도입 자체가 늦었고 독자적으로 발달했다는 차이가 있다. 독일의 필적학자이자 심리학자인 울쥬라 아베랄르멘Ursula-Avé-Lallemant이 필적분석 수단으로 개발한 '별과 파도 검사Star Wave Test'는 취학 전 유아의 발달기능검사로 활용되고 있다.

현재 독일, 프랑스, 영국, 스페인, 스위스, 이탈리아, 네덜란드 등의 대학에서 필적학 강의를 개설하고 있다. FBI도 필적학을 자주 활용한다. 필적학은 자신의 내면을 알아내는 데 도움이 될 뿐 아니라 인간관계, 비즈니스, 정신과학, 의학, 범죄학 등에 널리 활용되고 있다. 이처럼 필적학은 역사적으로 검증되었고 여러 나라, 다양한 분야에서 활용되고 있어 인간의 삶에 의미 있는 메시지를 준다.

# 필체를 보면
# 부자가 될 운명이 보인다

## 내면을 찍는 엑스레이

필적학이란 글씨를 보고 그 사람의 내면을 알아내는 학문 분야다. 프로이트는 인간의 마음에 대해 이렇게 말했다.

"인간의 마음은 들여다보면 해면에 떠오르는 빙산 같은 구조를 하고 있다. 해면에 나오는 부분은 의식이며, 수면 아래 부분은 무의식이다. 수면 아래 부분은 해면에 나오는 부분보다 눈에 보이지 않는 부분이 훨씬 큰 부분을 차지한다."

글씨 이외에도 생김새, 표정, 행동, 걸음걸이, 말투 등의 총합이 하나의 정체성으로써 따로 분리될 수 없다. 따라서 이런 것들을 자세히 관찰하면

사람만큼 글씨체도 비범하다. 알파벳을 세로로 삼등분했을 때, 일상생활의 모습, 합리성, 사회적 자신감 등을 나타내는 가운데 구역은 그리 발달하지 않고 위 구역, 아래 구역이 크게 발달했다. 일상의 삶보다는 야망, 이상을 추구했고 한편 본능이나 섹스, 물질적인 관심에 치중했음을 보여준다.

첫 문자인 'M'의 오른쪽 위 꼭짓점은 왼쪽 위 꼭짓점보다 훨씬 높은 위치에 있고 거의 90도로 직상향해서 초긍정 마인드로 무장했다는 것을 알 수 있다. 공존하기 어려운 성향들이 절묘하게 조화를 이루고 있다. 'I'과 'J'의 곡선이 큰 원을 그리는 것을 보면 에너지가 충만해 있음을 알 수 있다.

반면 작고 균형 잡힌 글씨들을 보면 논리력이나 합리성도 갖추었다. 곡선으로 이루어진 필획은 예술적 감성을 보여주지만 'M'에서는 직선과 각이 있어서 논리력, 강인함, 단호함까지 겸비했다.

사람의 내면을 어느 정도 알아낼 수 있다. 하지만 글씨 분석만큼 정확하고 많은 정보를 주지는 못한다. 글씨 분석으로 성별, 나이, 인종 등은 알기 어렵지만 사고 패턴, 힘, 강점, 약점, 숨겨진 두려움이나 분노, 행동 패턴, 동기, 개인 생활 등을 알 수 있다.

필체 분석으로 일상생활의 모습뿐 아니라 정신적 특성, 은밀한 부분도 파악할 수 있다. 필적학에서는 글자의 크기, 세부적인 형태, 압력, 속도, 간격, 기울기, 정돈성, 행의 간격 등을 살핀다. 전체적인 인상, 조화, 리듬, 자획의 이어 쓰는 방법, 운필 방향 등도 관찰한다.

서양의 필적학자들은 알파벳 글자를 세로 3구역으로 나누고 그 규범을 벗어나는 유형에 따라 특징을 도출해낸다. 이를테면, 맨 위의 구역은 지성, 이상, 야망, 정신적 특성이며, 가운데 구역은 일상생활의 모습, 합리성, 사회적 자신감 등을 나타내고 아래 구역은 본능, 비밀, 섹스, 물질적인 관심 등을 나타낸다. 이런 정보들을 자서전이나 전기 등을 통해서 얻기란 매우 어렵다. 이처럼 필적학은 그 어떤 수단보다 부자를 만드는 성향을 정확히 분석할 수 있는 최고의 도구다.

글씨에는 인간의 내면에 대한 많은 정보가 담겨 있다. 나는 글씨를 인간의 내면을 찍은 엑스레이라고 부르고 싶다.


## 전체는 부분의 합 이상이다

글씨 분석에는 크게 두 가지 방법이 있다. 하나는 글씨의 크기나 형태 등

세부적인 분석에 치중하는 방법으로 장 히폴리토 미숑이 대표적이다. 다른 하나는 위와 같은 세부적인 내용도 살피지만 전체적인 인상을 중시하는 방법으로 루트비히 클라게스, 장 크레피유 자맹이 대표적이다.

자맹은 미숑의 경직된 분석을 비판하면서 특정한 특징에 대해 절대적인 가치가 아닌 상대적인 가치를 부여했다. 다른 특징들과 종합적으로 해석되어야 한다고 본 것이다. 현대 필적학에서는 게슈탈트 Gestalt를 중요하게 여긴다. 게슈탈트는 형태 form라는 의미를 가진 말로써, '전체는 부분의 합 이상'이라는 형태심리학의 용어다.

예를 들어, 글씨의 속도가 빠르다는 것은 열정, 두뇌 활동이 활발함, 부지런함, 경솔함, 변덕스러움 등 여러 가지를 의미한다. 그런데 글씨의 속도만 보고 위와 같은 성향이 있다고 분석하는 것은 성급하다. 크기, 기초선, 간격 등에서 일관성이 있으면 경솔하거나 변덕스럽지 않다고 판단해야 하기 때문이다. 이처럼 글씨체의 특징 한두 가지로 그 사람의 성향을 단언할 것이 아니라 다른 특징들도 모두 살펴보고 조화로운 해석을 해야 제대로 된 분석 결과를 얻을 수 있다.


필적학자들은 글씨체에 개인의 고유 특성이 나타난다고 말하는데, 그런 특성이 가장 잘 드러나는 것은 서명이다. 서명은 다른 글자와는 비교하기 어려울 정도로 자주 쓰는데다가 자신을 스스로 어떻게 생각하는지가 반영되기 때문이다.

2가지 이상의 필적이 동일인의 것인지를 가려내는 필적 감정은 재판이나 수사에서 자주 사용된다. 대표적인 사례가 강기훈 유서대필 조작 사건이다. 1991년 5월 전국민족민주운동연합 사회부장 김기설이 노태우 정권 퇴진을 외치며 분신자살했다. 검찰은 김기설의 유서와 가족이 제출한 필적이 다르다는 내용의 수사 결과를 발표하고, 동료였던 전민련 총무부장 강기훈이 김기설의 유서를 대신 써주고 자살을 방조했다며 구속 기소했다. 법원은 강기훈에게 징역 3년에 자격정지 1년 6개월을 선고했다. 유죄 판결의 근거는 '유서의 필적은 숨진 김 씨가 아닌 강 씨의 것'이라는 국립과학수사연구소의 필적 감정 결과였다.

그러나 진실·화해를 위한 과거사 정리위원회(진실화해위)는 2007년 11월 '김 씨의 필적이 담긴 〈전대협 노트〉와 〈낙서장〉을 새로 발견해 국과수 및 7개 사설 감정기관에 필적 감정을 의뢰한 결과, 유서의 필적은 김 씨 본인의 것이라는 감정 결과를 통보받았다'며 법원에 재심을 권고했다.

2013년 서울고법이 다시 국과수에 필적 감정을 의뢰했는데 이번에는 유서의 필적은 김기설 본인의 것이라는 감정 결과가 나왔다. 법원은 1991년 제시된 국과수의 감정 결과는 신빙성이 없다고 판단하여 무죄를 선고하였고 그 판결은 대법원에서 확정되었다. 유죄 판결도, 무죄 판결도 그 결정적 증거는 모두 필적감정 결과였다. 인간의 삶을 바꿔놓을 수 있는 재판에서도 글씨체는 결정적인 증거로 채택되고 있는 것이다.

# 부자의 글씨를 가진
# 세계의 슈퍼리치들

미국의 경제저널《포브스》는 1987년 이래 매년 세계의 억만장자 리스트를 발표한다. 이를 참고하여 부자 피라미드의 상층부에서도 가장 꼭대기에 해당하는 사람을 고르고, 그중에서 가급적 자수성가한 사람들을 추려 냈다.

슈퍼리치는 페르디난드 룬드버그Ferdinand Lundberg가 1968년에 출간한 『부자와 슈퍼리치: 돈의 역학 연구A Study in the Power of Money Today』에서 처음 사용한 개념이다. 2016년 1월 엔트러프레너닷컴 기사에 따르면 전 세계 억만장자의 62퍼센트가 자수성가한 사람이다. 1984년 이후 억만장자 중 자수성가한 사람의 비율이 높아졌다는《포브스》의 분석도 있다.

대한민국은 물론, 미국, 멕시코, 프랑스, 스웨덴, 스페인, 중국, 일본, 인도, 나이지리아 등 다양한 국가의 인물들을 골랐다. 글씨를 구할 수 없어서 불가피하게 빠진 경우도 있다. 최종 선정된 인물은 다음과 같다. 기재 순서는 국가, 출생일자 등을 기준으로 했다.

## 대한민국 슈퍼리치

### ① 구인회(1907~1969)

1959년 주식회사 금성사를 설립하여 대한민국 최초로 라디오·선풍기·텔레비전 등 전기·전자기기를 생산하고 수출했다. 1969년에는 반도체 생산회사인 금성전자주식회사를 설립하여 첨단산업 분야에도 진출하였고, 호남정유 여수공장을 완공함으로써 정유업에도 참여했다. 럭키금성, 지금의 LG 재벌을 형성하였다.

### ② 이병철(1910~1987)

1938년 대구에서 삼성상회를 설립한 이래 제일제당, 제일모직, 한국비료, 삼성전자를 비롯한 굴지의 기업을 일으켰고 불모의 한국경제 발전에 큰 기여를 했다. 삼성그룹, CJ그룹, 신세계그룹이 모두 그로부터 비롯되어 현재도 대한민국 재계에서 큰 영향력을 미치고 있다. 미술품 수집에도 높은 식견이 있었다.

### ③ 정주영(1915~2001)

현대그룹의 창업자이자 명예회장으로 '왕회장'이라고 불린다. 대한민국 최고의 부호가 되었음에도 평생 청렴하고 검소한 삶을 살아서 한국갤럽이 2019년에 조사한 한국인이 존경하는 인물 리스트에서 기업인 신분으로는 최고 순위인 전체 6위에 올랐다.

④ 신격호(1922~2020)

울산에서 빈농의 아들로 태어났다. 20세에 부인과 딸을 고향에 두고 일본으로 밀항해서 도쿄에서 우유 배달을 하며 고학했다. 대한민국과 일본에 롯데그룹을 만들고 재계 순위 5위에 오르게 했다.


## 미국 슈퍼리치

### ① 앤드류 카네기(Andrew Carnegie, 1835~1919)

미국 철강업계의 일인자로 '강철왕'이라고 불린다. 세계 최고의 부자에 올랐으며 동시대에 가장 존경받는 자선가로도 유명하다. 카네기홀, 워싱턴카네기협회, 카네기영웅자금, 카네기멜론대학, 카네기교육진흥재단, 카네기국제평화기금, 뉴욕카네기재단 등을 설립하는 등 사회에 많은 공헌을 했다.

### ② 존 D. 록펠러(John Davison Rockefeller, Sr. 1839~1937)

1870년 스탠더드 오일을 창업한 사업가. 뛰어난 경영 수완을 바탕으로 석유 사업을 대성공시켜 역대 세계 최고의 부자가 되었다. 시카고대학을 설립했으며 록펠러재단을 세워 문화사업에도 힘썼다.

### ③ 헨리 포드(Henry Ford, 1863~1947)

자동차 회사인 포드의 창업자. 20세기 초에 휘발유 엔진을 장착한 보급형 자동차 모델을 개발하고 대량생산을 통해 제조 원가를 낮춤으로써 사치재에 머물러 있던 자동차의 대중화를 선도했다. 그의 대량생산 체제는 20세기 산업 전반에 큰 영향을 미쳤다.

### ④ 폴 게티(Jean Paul Getty, 1892~1976)

백만장자의 아들로 태어났지만, 17세 때부터 석유 채굴 현장에서 잡역부로 일하며 경제활동을 시작했다. 23세에 100만 달러 이상을 벌었고 1930년 대공황 당시 착실하게 주식을 사모아 세계 최고의 부자가 되었다. 외국어에 능통하고 인문학적 지식이 풍부했으며 미술품 수집에 열중하여 거대한 미술관을 세웠지만 개인적으로는 불행한 삶을 살았다.

### ⑤ 조지 소로스(George Soros, 1930~)

현존하는 최고의 펀드매니저로 불린다. 런던정경대학 시절『열린 사회와 그 적들』로 유명한 칼 포퍼에게 큰 감명을 받고 사고와 현실 사이의 관계를 다루는 '사고의 틀'을 개발해서 큰돈을 벌었다. 그는 "인간사를 이해하라, 돈은 그 결과일 뿐이다"라고 말했다.

### ⑥ 워런 버핏(Warren Edward Buffett, 1930~)

주식투자만으로 세계 최고의 부자가 되었다. '투자의 귀재', '투자의 전설', '미다스의 손', '오마하의 현인'으로 불린다. 1970년부터 그가 최고경영자로 있는 버크서 해서웨이의 연례 사업 보고서는 투자자들이라면 누구나 꼭 읽어야 하는 텍스트로 손꼽힌다.


### ⑦ 필 나이트(Philip Hampson "Phil" Knight, 1938~)

육상선수 출신으로 스탠퍼드대학 경영대학원을 다니다가 프랭크 쉘렌버그 교수의 창업론 강의를 듣고 창업을 결심했다. 아버지에게 빌린 25달러로 시작해서 스포츠용품 시장 부동의 1위인 나이키를 세웠다.


### ⑧ 마이클 블룸버그(Michael Rubens Bloomberg, 1942~)

《포브스》가 선정하는 '세계에서 가장 영향력 있는 억만장자'의 단골 주인공. 하버드비즈니스스쿨 졸업 후 월스트리트에서 일하다가 해고당하자 재무 데이터를 컴퓨터화하는 아이디어로 사업을 시작했다. 많은 미디어 기업을 소유하고 뉴욕시장까지 해서 부와 권력을 함께 가졌다. 총기 폭력, 기후 변화, 공공의료 등 현안에 거침없는 목소리를 낸다.


### ⑨ 오프라 윈프리(Oprah Gaile Winfrey, 1954~)

8세 때 어머니로부터 버림받고 9세 때 강간을 당했으며 가족의 친구, 삼촌, 사촌으로부터 성추행을 당했고 집에서 일어난 성적 학대를 참지 못해 가출했다. 감자 자루로 만든 치마를 입고 다녀 학교에서 놀림을 받았고 14세 때 성폭행으로 원치 않는 임신을 했으며 아이는 태어난 직후 숨졌다. 이런 상황을 극복하고 방송인으로 크게 성공해 4조 원에 이르는 재산을 모았다.

### ⑩ 스티브 잡스(Steven Paul "Steve" Jobs, 1955~2011)

애플의 창업자. IT 역사를 획기적으로 바꾸고 사람들의 삶의 방식마저 바꿔 IT 영웅으로 불린다. 어릴 적 사고뭉치였고 독선적인 성격이라고 알려져 있다. "단순함이란 궁극의 정교함이다"라는 말은 그가 지향하는 디자인 철학의 핵심이다. 대학 시절 캘리그래피 강의에 관심이 많았는데, 이는 의식적으로 자신을 예술과 기술의 교차점에 세워 놓으려고 시도했음을 보여주는 하나의 사례다.

### ⑪ 빌 게이츠(William Henry "Bill" Gates III, 1955~)

마이크로소프트의 창업주. 1995년 40세에 《포브스》 선정 세계 억만장자 순위 1위에 올랐고 《포브스》 선정 억만장자 실제 기부 현황에서 압도적인 1위를 차지하고 있다. 2021년 5월 멜린다 게이츠와 이혼을 발표했을 때 부부의 재산은 145조 7천억 원이라고 보도되었다.

### ⑫ 제프 베이조스(Jeffrey Preston "Jeff" Bezos, 1964~)

기업 아마존의 설립자이자 CEO. 인터넷에서 책을 판다는 획기적인 아이디어로 갑부가 되었다. 인터넷을 새로운 유통망으로 이용한 창업 신화의 대표적 인물이다. 비용을 낮추고 우주 비행의 안정성을 높이기 위해 노력 중인 항공우주회사 블루 오리진의 설립자이기도 하다.

### ⑬ 일론 머스크(Elon Reeve Musk, 1971~)

미래과학의 판타지를 현실로 만든 미국 역사상 최고의 천재 사업가로 불린다. 영화 〈아이언맨〉의 토니 스타크의 모델이기도 하다. 테슬라 모터스, 스페이스 엑스를 창업했고 8만여 명이 거주할 수 있는 화성 식민지를 2030년쯤 완성하겠다는 포부를 밝힌 바 있다.

### ⑭ 래리 페이지(Lawrence Edward "Larry" Page, 1973~)

1983년 인터넷 검색사이트 '구글'을 세르게이 브린과 함께 창업했다. 빌 게이츠나 스티브 잡스와 달리 '비즈니스 마인드' 대신 '엔지니어 마인드'가 뼛속 깊이 자리잡고 있다. 구글의 유명한 모토는 "악해지지 말라(Don't be evil)"로써 도덕적으로 돈을 벌어보겠다는 의지가 담겨있다.

### ⑮ 케빈 시스트롬(Kevin York Systrom, 1983~)

미국의 기업인이자 프로그래머. 마이크 크리거와 함께 인스타그램을 만들었다. 2012년 4월 돈을 전혀 벌지 못하고 있는 회사를 1.1조 원에 페이스북에 팔았다. 마크 저커버그가 전화한지 48시간 만에 매각에 합의했다.

### ⑯ 마크 저커버그(Mark Elliot Zuckerberg, 1984~)

2004년 하버드대학 시절 친구들과 함께 페이스북을 만들어서 세계 역사상 최단기간 내에 억만장자가 되었다. 페이스북은 '페이스북 선거'로 불렸던 2008년 미국 대통령 선거를 거치며 세계 최대의 SNS로 자리매김했고 인간관계를 근본적으로 변화시켰다. 이집트 무바라크의 장기 집권을 종식하게 만드는 등 투명한 세상을 만드는 데 큰 역할을 한 것으로 평가받는다.

## 남미 슈퍼리치

### 카를로스 슬림(Carlos Slim Helú, 1940~)

《포브스》 억만장자 순위에서 2010~2013년 4년 연속 1위를 차지했다. 멕시코의 통신 재벌인 아메리칸 모빌뿐 아니라 보험, 건설, 항공사 등 다양한 회사를 운영한다. 멕시코 전체 GDP의 5~6%를 차지할 정도여서 "단 하루도 카를로스 슬림의 돈이 불어나는 일을 하지 않는 날이 없다"라는 말이 있다.

## 유럽 슈퍼리치

### ① 잉바르 캄프라드(Feodor Ingvar Kamprad, 1926~2018)

열일곱 살이던 1943년 농장 창고에서 이케아를 시작해서 세계 최대 가구 업체로 만들었다. 세계에서 가장 부유한 자린고비라고 불린다. 이케아<sup>IKEA</sup>는 그의 이니셜인 I, K와 그가 자란 농장 엘름타리드<sup>Elmtaryd</sup>와 마을 이름 아군나리드<sup>Agunnaryd</sup>에서 첫 글자 E와 A를 따서 만들었다.

### ② 아만시오 오르테가(Amancio Ortega Gaona, 1936~)

서츠 가게 점원으로 일하다가 1975년 약혼녀와 함께 옷가게를 열었고 패션 브랜드 자라<sup>ZARA</sup>를 창업했다. 자라는 패스트푸드처럼 순식간에 완성되고 순식간에 판매되는 '패스트패션'의 효시가 되었고 패션 업계의 패러다임을 바꿨다.

### ③ 베르나르 아르노(Bernard Arnault, 1949~)

루이비통, 크리스찬 디올, 지방시, 셀린느, 펜디 등 50여 개의 럭셔리 브랜드를 소유한 루이비통 모에 헤네시의 회장. 수많은 명품 브랜드를 인수해서 '기업 사냥꾼'이라고 불렸다. 기업을 인수하면 직원들을 정리해고 해서 '잔인한 경영인'이라고 불리기도 한다.


## 중국, 홍콩 슈퍼리치

### ① 리카싱(李嘉誠, 1928~)

홍콩 최대 부호. 15세에 고등학교를 그만두고 화학제품 공장에 취업했다. 이때 익힌 기술과 공장 경영 노하우를 바탕으로 22세에 청쿵<sup>長江</sup>실업이라는 화학업체를 창업했고 청쿵실업은 아시아에서 최초로 조화<sup>造花</sup>를 만들면서 크게 성장했다. 전 세계 중국인 중 최대 재산을 가졌다고 알려져 있다.

### ② 류촨즈(柳傳志, 1944~)

레노버를 창업하여 세계3대 컴퓨터 제조회사로 키워서 중국의 스티브 잡스로 불린다. 레노버는 중국 토종기업의 자존심이고 그는 중국인에게서 가장 존경받는 CEO로 꼽힌다.

### ③ 런즈창(任志強, 1951~)

중국 5대 부동산 기업인 화위안<sup>華遠</sup> 그룹 회장. 2020년 '시진핑은 광대'라는 글을 쓰고 실종되었다가 뇌물죄 등으로 징역 18년을 선고받았다.

④ 판스이(潘石屹, 1963~)

부동산개발회사인 소호차이나의 창업자. 중국의 대표적인 낙후지역인 간쑤성 출신으로 자수성가해서 재산 규모가 35억 달러에 달한다. 한국 드라마 중 〈상도〉를 특히 감명 깊게 봤다고 한다.

⑤ 마윈(馬雲, 1964~)

항저우의 말썽꾼 출신으로 1999년 전자상거래 기업 알리바바를 세웠다. 중국인 최초로《포브스》표지에 실렸다. 2000년 손정의 회장은 마윈을 직접 만난 지 5분 만에 투자 결정을 내렸다. 중국 내에서는 알리바바 그룹소유 빅데이터를 정부와 공유하라는 중국 정부의 방침 때문에 정부와 상당한 마찰이 있다.

⑥ 리양(李陽, 1969~)

크레이지 잉글리시를 개발해서 영어 불모지인 중국 대륙을 '영어의 바다'에 빠뜨렸다. 마윈은 리양의 '두려움을 떨쳐버리라'는 말을 가슴에 품고, 만나는 외국인마다 말을 걸었다고 한다.


## 일본 슈퍼리치

### ① 마쓰시타 고노스케(松下幸之助, 1884~1989)

초등학교 4학년을 중퇴하고 화로상점 점원으로 출발해서 내쇼날, 파나소닉으로 유명한 세계 굴지 기업을 일으켰다. 일본에서 '경영의 신'으로 추앙받는다. 경영을 단순한 '돈벌이'가 아니라 사람들의 행복에 기여하는 가치 있는 종합예술로 여겼다. 그의 사업 목표, 전략, 경영은 모범적인 것으로 평가되고 있다.

### ② 야마우치 히로시(山內 溥, 1927~2013)

비디오게임의 대명사 닌텐도의 창업 3세. 경영 최일선에서 일하며 닌텐도를 현재의 글로벌 기업으로 성장시켰다. 휴대용게임기 닌텐도 DS, 가정용 콘솔게임기 닌텐도 Wii 등을 출시해서 2008년 최대 실적을 올렸다.

### ③ 손정의(孫正義, 1957~)

소프트뱅크 그룹의 대표이사 겸 CEO. 일본 규수 지역의 무허가 판잣집에서 재일 한국인 3세로 태어났다. 미국에 가서 19세에 세운 '인생 50년 계획'은 50대까지 한 치의 오차도 없이 이루어졌다. 승부사적 기질이 있다.

## 인도 슈퍼리치

**수닐 미탈(Sunil Mittal, 1957~)**

34만 원을 빌려 자전거 부품상을 시작했다. 휴대용 발전기, 버튼식 전화기 등을 취급하다가 인도에서 가장 큰 이동통신사 바르티 에어텔을 세웠는데 '속도'를 승부수로 하는 기업이다. 불과 한 세대 만에 인도 정보통신 제왕에 등극했고 세계적인 기업을 일궜다. 후진국에서 흔히 볼 수 있는 정경 유착과 특혜도 없었다고 한다.

## 아프리카 슈퍼리치

### 알리코 단고테(Aliko Dangote, 1957~)

아프리카 부의 피라미드에서 최정상에 올라 있는 인물로서 '아프리카 시멘트 왕'이라고 불린다. 《포브스》가 "단고테가 재채기를 하면, 나이지리아 증시가 감기에 걸린다"라고 할 정도의 재력을 가지고 있다.

이제 슈퍼리치 35명을 골랐다. 이들의 글씨를 분석하면 그동안 몰랐던 부자의 실체를 밝힐 수 있을 것이다. 당신은 오직 읽고 보고 따라 쓰기만 하면 된다.

## 슈퍼리치 글씨에서 찾은 공통점

필적학을 전혀 모르는 사람들이 보아도 슈퍼리치들의 글씨는 잘 썼다고 느낄 것이다. 비범한 사람치고 평범한 글씨를 쓰는 사람은 없는데 슈퍼리치들도 그렇다. 눈여겨 볼 것은 어릴 때부터 급한 성격 때문에 붓글씨에 젬병이었다고 스스로 회고하는 정주영의 글씨도 매우 뛰어났다는 사실이다. 그는 소학교 1학년에서 3학년으로 월반했었을 정도로 공부를 잘 했지만 붓글씨 쓰기와 노래를 잘 못해서 졸업할 때까지 줄곧 2등이었다. 정주영의 사례를 보면 글씨는 손재주가 아니라 뇌로 쓴다는 사실을 확인할 수 있다.

슈퍼리치들은 출신 국가나 성장배경, 학업성적, 학력, 인맥, 경험, 사업

분야, 취미, 성향 등이 서로 다르다. 하지만 톨스토이가 "행복한 가정은 모두 비슷한 반면, 불행한 가정은 제각각의 이유가 있다"고 했듯이 슈퍼리치가 되는 사람들은 공통된 특징이 있을 수밖에 없다. 이를 찾아내는데 필적학만한 도구도 없다.

슈퍼리치들의 글씨의 특징으로는 긴 가로선, 우상향, 빠른 속도, 꺾어진 끝 부분, 굳게 닫은 'ㅁ', 큰 크기, 긴 세로선, 직선보다 곡선, 높은 가로선, 한 획으로 하나의 글씨 또는 여러 획을 완성하는 연면형 등을 들 수 있다. 이는 인내와 끈기, 긍정적 마인드, 열정과 빠른 머리 회전, 결단력과 책임감, 절약과 실속, 자신감과 용기, 최고 지향, 개방성과 창의력, 이상과 비전, 통찰력과 직관력을 의미한다.

## 장점과 단점의 절묘한 조화

인간의 모든 성향은 장점뿐 아니라 단점이 있다. 그런데 슈퍼리치들은 공존하기 어려운 성향들이 절묘하게 조화를 이루어 단점을 극복하고 있다. 예를 들어 빠른 글씨는 열정이 있고 두뇌 활동이 활발하지만 반대로 경솔함, 변덕스러움, 치밀하지 못함 등의 단점이 있다. 그런데 슈퍼리치들은 단점을 절제력, 통찰력, 인내심, 직관, 논리적인 사고 등으로 보완한다. 공존하기 어려운 성향들이 절묘하게 조합되는 경우는 슈퍼리치뿐 아니라 큰 성공을 하는 사람들에게서 종종 찾아볼 수 있다.

따뜻한 마음을 가집시다
깨끗한 마음은 당신을 총명하게
굳세고 바르고 총명하게
만들 것입니다

정주영의 글씨는 전 세계 슈퍼리치들의 글씨 중에서도 가장 뛰어나다고 할 수 있다. 대한민국이 아닌 미국이나 중국에서 태어났더라면 더 대단한 부자가 되었을 것이 틀림없다.

우선 'ㅁ'자의 오른쪽 윗부분은 모가 나지 않고 마지막 부분을 굳게 닫는다. 모나지 않은 오른쪽 윗부분은 틀에 박히지 않고 융통성이 있어서 혁신적인 사고가 가능하다는 것을, 굳게 닫힌 오른쪽 아랫부분은 절약, 높은 완성도, 빈틈없음을 의미한다.

큰 글씨는 용기가 있어서 현실에 안주하지 않고 모험을 한다는 것을 알려준다. 모음을 시작할 때 비트는 것은 강한 의지를, 모음의 세로선이 유난히 긴 것은 최선의 결과를 내려고 노력한다는 것을 의미한다.

'ㅎ'과 'ㅊ'의 윗 꼭지 부분이 두드러지게 큰 것은 최고가 되려는 의지가 강함을 뜻한다. 'ㄷ'의 가로선은 오른쪽으로 가면서 가파르게 올라가서 매우 긍정적인 사고를 했다는 것을 알 수 있다. 'ㅃ'을 쓰면서 왼쪽 ㅂ보다 오른쪽 ㅂ을 크게 쓰고 'ㄲ'을 쓰면서 왼쪽 ㄱ보다 오른쪽 ㄱ을 크게 쓰는데 이는 용두사미가 되지 않고 결실을 맺는다는 것을 알려준다.

이 글씨의 속도는 다소 빠른 편인데 그의 일상 글씨는 매우 빠르다. 하지만 'ㅈ', 'ㅊ'을 쓰면서 꺾어지는 부분에 모가 나 있어서 분석적인 사고를 하고 결단력이 있는 사람이다. 모음의 가로선 마지막 부분의 삐침은 결단력, 책임감의 징표다. 그는 "덮어놓고 덤벼들라는 게 아니다. 무슨 일이든 더 효율적인 방안을 찾으면서 밀어붙이라"고 말하곤 했다.

'다'를 쓸 때 하나의 획으로 이어서 쓰는 것을 보면 통찰력이 있고, 'ㅂ'을 쓸 때 첫 번째 가로선이 세로선들과 떨어져 있어서 직관력이 있다. 그는 쌀가게 점원으로 있을 때도 일이 끝나면 항상 책을 붙잡고 있었는데 독서가 통찰력과 직관력을 키우는 데 도움이 되었을 것이다.

*NO.04*

# 부와 운을 끌어당기는
# 10가지 필체

## 첫 번째, 인내와 끈기로 가로선을 길게 하라
## : 가로선 - 인내, 끈기

### 성공의 기초는 인내

"어떤 종류의 성공이든 인내보다 더 필수적인 자질은 없다. 인내는 거의 모든 것, 심지어 천성까지 극복한다"라고 말했던 존 D. 록펠러는 'Standard'를 쓰면서 't'의 가로선을 거의 한 단어 전체에 걸치게 길게 쓴다. 앤드류 카네기, 폴 게티, 빌 게이츠, 조지 소로스, 제프 베이조스, 스티브 잡스의 't'의 가로선도 매우 길다.

헨리 포드의 서명 중 'd'는 마지막선이 길게 늘어진다. 자서전의 제목을

『시련은 있어도 실패는 없다』로 했던 정주영, 마쓰시타 고노스케, 리카싱, 리양도 가로선이 매우 긴 글씨를 쓴다. 이처럼 슈퍼리치들의 글씨는 모두 가로선이 매우 길다는 특징이 있는데 이는 인내와 끈기를 알려주는 징표다.

부자들이 공통적으로 지니는 첫 번째 특질은 인내와 끈기다. 인내와 끈기, 어디서나 들어볼 수 있는 말이다. 하지만 결국 가장 쉽고 당장 할 수 있는 성공의 지름길이고 그들만이 모든 것을 달성한다. 그들은 기꺼이 더 많은 시간을 들여 일을 성취하며 갖가지 역경 속에서도 불굴의 의지를 잃지 않는다.

누구나 삶에는 질곡이 있고 사회적으로 성공한 사람 중에서 위기를 겪어보지 않은 사람은 거의 없다. 그때 포기하는 사람들은 평범한 사람이 되는 반면에 굴하지 않고 이겨내는 사람은 결국 인생에서 성공하게 된다. 실패하는 사람들의 공통점은 한 번 실패하면 단념하는 습관을 가지고 있다는 것이다.

성공 철학의 거장 나폴레온 힐은 인내와 끈기와 피나는 노력은 성공을 안겨주는 무적불패의 조합이라고 말했다. 이런 이야기를 한 사람은 윈스턴 처칠, 루이 파스퇴르, 나폴레옹 보나파르트, 헬렌 켈러, 캘빈 쿨리지 등 수없이 많다.

'만족 지연 Delay of Gratification'은 더 큰 결과를 얻기 위하여 즉각적인 즐거움과 욕구를 자발적으로 억제하고 통제하면서 욕구 충족의 지연에 따른 좌절감을 인내하는 능력을 말한다. 이러한 경향성을 가진 사람이 학교 성적도 좋고 사회에서도 성공한다는 연구 결과가 많은데 그 중 하나가 유명한 '마시멜로 테스트'다.

큰 성공을 거둔 사람들은 거의 대부분 't'의 가로선을 매우 길게 쓴다. 토머스 에디슨의 글씨를 보면 유난히 가로선이 길어서 't'의 가로선이 심지어 단어 전체를 넘어서까지 뻗어가는 경우도 있다. 승리는 가장 끈기 있는 사람에게 돌아간다고 말했던 나폴레옹 보나파르트도 마찬가지다. 't'의 가로선이 6개의 알파벳 위를 지나기도 한다.

### ● 에디슨 필체 ●

토머스 에디슨의 't'는 가로선이 때때로 단어 전체를 넘어 설 정도로 유난히 길다. 가로선이 길다는 것은 인내심이 강하다는 징표다. 그는 "나는 실패하지 않았다. 나는 단지 효과가 없는 10,000 가지 방법을 발견했을 뿐이다"라고 말했다. 에디슨이 전구를 발명하기 위한 실험을 중간에 포기했다고 상상해보라. 알파벳 사이에 끊긴 지점들이 발견되고 리듬이 살아 있으며 중간 영역의 적은 변화가 보이는데 이는 직관력을 의미한다. 천재는 99%의 노력과 1%의 영감으로 이루어진다고 했던 그는 영감 비슷한 것만 생겨도 바로바로 메모해서 3,400여 권의 노트를 남겼다.

### ● 나폴레옹 필체 ●

어려운 시절을 견뎌온 사람답게 't'의 가로선이 매우 길다. 속도가 매우 빨라서 판단이 빠르고 열정이 넘쳤음을 알 수 있다. 서명이 크고 마지막을 길게 내리긋는 것은 큰 업적을 이룬 사람들에게서 자주 보이는 특징으로써 기가 세고 용기가 있으며 각오가 있고 스스로를 대단한 사람으로 인식한다는 의미다.

중간 부분이 작고 단어 사이에 여백이 큰 것은 그가 외롭고 홀로 버려졌다는 느낌을 가진다는 것을 뜻한다. 서명을 제외한 글씨가 전반적으로 작아서 논리적이고 치밀한 사고를 했음을 알 수 있다. 그는 수학, 과학, 인문, 역사, 철학에도 상당한 조예와 관심이 있었다. 이집트 원정 때 아예 현지 학술원을 만들기 위해 명망 있는 학자들을 끌어 모아 동행시켰으며 현지에서 학자들과 여러 차례 학술 토론을 했다.

## 천천히 부자가 돼라

아라이 나오유키는 일본 최초로 세계적인 대부호와 경영자를 대상으로 한 집사 서비스 회사를 설립해 운영하면서 부자들의 일거수일투족을 관찰했다. 그리고 이를 기반으로 『부자의 집사』를 썼다.

그는 비즈니스의 세계에서 1등이 되는 기질을 '기백'과 '끈기'라고 보았다. 세계 1%의 백만장자들의 부의 원칙을 배워 서른셋에 백만장자가 된 키스 캐머런 스미스는 『더 리치』에서 "인내심은 백만장자의 또 다른 자산이며 조급함은 보통 사람이 시달리는 부채"라고 말했다. 고로 부자가 되려면 서두르면 안 된다.

　『부의 해부학』을 쓴 라이너 지텔만에 따르면 부의 엘리트에 대한 연구 결과 이들은 실패 후 행동력이 높다는 것을 보여줬다. 『돈의 심리학』을 쓴 모건 하우절은 이렇게 말한다. "닥치고 기다려라. 시간의 힘이 너희를 부유케 할 것이다!"

## 아무리 힘들어도 1초만, 또 1초만 견뎌라

워런 버핏의 경제적 성공은 모두 사춘기 시절에 쌓았던 금전적 바탕과 노년기까지 사업에서 손을 떼지 않은 덕분이다. 그의 재주는 투자였지만 그

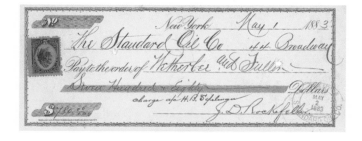

● 존 D. 록펠러 필체 ●

't'의 가로선이 유난히 긴 그는 포기를 몰랐고 끈기 있는 사람을 좋아했다. 우상향의 글씨는 긍정적 사고의 징표인데, 그는 "나는 절망하지 않는다. 가끔 심한 말을 듣고 상처받기도 하지만 비관

주의자가 될 생각은 없다. 나는 사람을 믿고 우정을 믿는다. 나는 모든 것이 결국 좋은 방향으로 나아갈 것이라 믿고 있다"라고 말했다.

또한 마지막을 길게 늘어뜨리는 경향이 강한데, 이는 기가 세고 마무리를 잘 한다는 것을 뜻한다. "우리는 이 나라에서 미친 듯이 빠르게 살아가고 있다. 언제나 돌진, 돌진, 돌진할 뿐이다"라고 말한 사람답게 글씨의 속도가 매우 빨라서 열정이 있고 판단이 매우 빨랐다는 것을 알려준다.

알파벳을 세로로 삼등분했을 때 위 구역이 강조된 것은 그가 종교, 철학, 양심 등 추상적 사고에 관심이 많았고 미래지향적이라는 사실을 알려준다. 그에게 돈이란 전 세계에 만연했던 무지나 전염병을 없애는 수단에 불과했다. 다만, 섹스, 돈, 음식 등과 관련이 있는 밑부분도 강조되는 것을 보면 그의 종교적인 사고와 충돌하기도 한다.

중간 부분이 강조되지 않은 것은 일상생활에 대해 큰 관심이 없다는 것을 말해준다. 필압이 무겁지 않고 잉크가 진하지 않은데 이는 종교적으로 심취한 인물에게서 종종 보이는 특징이다. 단어나 행의 간격이 좁고 여백이 별로 없어서 절약하는 특성을 보여준다. 그는 돈을 쓰고 싶어서 근질거린 적이 없고 돈이란 모으고 관리하는 것으로 여겼다.

의 비밀은 시간이다. 그는 우량기업에 장기 투자하는 방식을 택했는데 진정한 투자자는 좀처럼 주식을 팔지 않으며 언제든지 시장가격을 무시할 수 있어야 한다고 말한다. 투자라는 것은 복리의 효과에 근거하고 있으며 복리가 투자에 있어서 명백한 추동력이 되기 위해서는 상당한 시간이 필요하다고 보기 때문이다.

### ● 케빈 시스트롬 필체 ●

인내와 끈기를 의미하는 유난히 긴 가로선이 돋보인다. 'K'와 'S'를 길고 크게 쓰는 것은 정열적이고 자신감이 넘친다는 의미여서 자존감이 매우 높은 인물이다. 'K'를 시작하면서 곡선을 그리는 것은 자기주장을 고집한다는 것을 보여준다. 또 'K'를 쓸 때 하나의 필획이 이어지고 있는데 통찰력이 있다는 징표이고 'S'의 첫 선이 길고 곧게 올라가는 것은 열심히 일한다는 것을 뜻한다.

정주영은 자동차 수리업을 하다가 화재로 공장과 수리를 맡아놓았던 자동차들이 모두 불탔는데도 좌절하지 않았다. 오히려 무릎을 꿇고 사정해서 돈을 빌려 다시 공장을 시작했다. 그는 조폐공사 건설과 고령교 복구 공사에서 막대한 부채를 감수하고 끝까지 공사를 마무리하여 현대건설의 신용을 쌓았다. 그는 눈앞의 손익이 아닌 5년 뒤, 10년 뒤의 이익을 기준으로 판단을 내렸고 장기적인 관점이야말로 성공의 기본 조건이라고 여겼다.

이병철은 4·19와 5·16의 두 변혁을 거치는 동안 두 번이나 실현 직전에 좌절되었던 비료공장인 한국비료공업주식회사를 결국 설립하고야 만다. 그가 붓글씨로 자주 쓰던 글귀가 '운근둔運鈍根'으로, 사람이 성공하는 데 필요한 세 가지 요소, 즉, 운이 좋고 고지식하며 끈기 있는 것을 이른다.

일론 머스크는 우주 산업을 하는 스페이스 엑스에서 여러 차례의 실패에도 꿈을 버리지 않고 도전하고 있다. 그의 절친 안토니오 그라시아스는 상황이 어려울수록 더욱 이성적인 결정을 내리고 고난을 이겨내는 능력은 일론 머스크가 최고라고 말한다.

마윈은 1999년 3월에서 9월까지 알리바바에서 와신상담했다. 닷컴 열풍 이후 혹독한 대가를 치를 때, 마윈과 알리바바는 끝까지 살아남았다. 그는 "서 있을 수 없다면 납작 엎드리자. 기어서라도 살아남아야 한다. 하지만 절대 눕거나 쓰러지지 마라. 아무리 고통스럽고 힘들더라도 엎드려 기어야 한다"라고 말했다.

## 두 번째, 긍정적인 마인드로 오른쪽 위를 향하라
## : 우상향 – 긍정

### 오른쪽으로 45도 올라가

자수성가한 슈퍼리치들의 글씨는 오른쪽으로 위로 올라가는 특징을 보인다. 특히 이름의 마지막 획을 45도 정도 올리는데 대표적인 인물이 스티브 잡스다. 정주영은 'ㄷ'을 오른쪽으로 가파르게 올려 쓰는 등 두드러지게 우상향하는 글씨를 쓴다. 존 D. 록펠러, 마윈, 판스이도 오른쪽으로 45도 정도 올라가는 글씨를 쓴다. 일론 머스크, 오프라 윈프리, 필 나이트는 글씨의 마지막 부분이 45도로 올라가다가 마지막에 한 번 더 올라간다.

예외적으로 폴 게티가 우하향의 글씨체를 보이는데 그도 원래 우상향의 특징을 가지고 있었고 그때 이미 수백만 달러를 모았다. 그의 글씨에서 우하향의 특징이 나타난 것은 1930년대 초반 이후로 그때 우울증에 걸린 것으로 보인다. 당시 이미 4번의 이혼을 했고 그의 이혼에 크게 실망한 아버지는 사망 당시 1천만 달러의 재산 중 50만 달러만을 상속해서 정신적인 충격을 받았으며 주가 폭락으로 절망적인 상태였다.

우상향 글씨는 삶에 대한 긍정적인 태도, 낙관주의, 협동성 등을 의미하는데 슈퍼리치뿐 아니라 다른 분야에서 성공하는 사람들의 글씨에서도 흔하게 보인다. 불평, 적개심, 질투, 비난, 변명, 정당화와 같은 태도는 부를 만드는 데 장애 요소다.

긴 가로선을 보면 압박을 심하게 느끼면서도 결코 멈추지 않았다는 것을 알 수 있다. 적절한 기울기는 감정을 표현하지만 그것들에 의해 좌우되지 않았다는 것을 알려준다. 부드러운 글씨는 유머 감각, 상상력, 융통성, 협동성의 징표다. 전체적으로 볼 때, 오른쪽으로 올라가서 긍정적인 마음가짐을 말해주지만 가끔씩 오른쪽으로 내려가는 형국이라 우울증이 있음을 말해준다. 그는 우울증과 긍정적인 에너지를 함께 가지고 있어서 감정 기복이 심했을 것이다.

다만 우상향의 글씨, 즉 긍정적인 마인드라고 무조건 좋은 것은 아니고 주관적이고 감정에 의존하기 쉽다는 단점이 있다. 불쾌한 감정은 해로운 것으로부터 보호해주는 일종의 신호인데 이 신호를 무시하면 결국 비극적인 결말을 맺을 수 있기 때문이다. 슈퍼리치들의 글씨를 분석해보면 이들은 긍정적인 마음가짐의 단점을 결단력, 절제력, 통찰력, 명석한 머리 등으로 보완해서 절묘하게 조합한다.

● 타이거 우즈 필체 ●

위아래로 매우 길게 쓰는데 자신감이 강하며 용기 있고 호방한 성격임을 드러낸다. 특히 첫 글자가 큰 것은 무대 기질이 있다고 알려져 있는데, 성공한 연예인이거나 정치인, 스포츠 스타들의 글씨가 대부분 그렇다. 원래 이런 글씨를 쓰는 사람들은 즉흥적이고 감정적이며 변덕스러울 수 있다.

그런데 가지런하고 균형 잡힌 것을 보면 논리적이고 이성적이다. 't'의 막대(―)가 유난히 긴데, 이런 글씨를 쓰는 사람들은 인내력이 강하다는 특징이 있다. 'T'를 쓰면서 가로선과 세로선 사이에 간격이 있어 큰 꿈을 꾸고 있다는 사실을 알 수 있다. 마지막 글자의 마지막 부분이 큰 호弧를 그린다. 이런 특징은 나폴레옹 보나파르트 같은 큰 인물들에게서 두드러지는데 큰 힘, 기세, 용기, 각오를 의미한다.

타이거 우즈의 서명 첫 글자인 'T'의 가로선을 보자. 오른쪽으로 가면서 매우 가파르게 올라가는데 'T'를 이렇게 쓰는 사람도 드물다. 유난히 자신감이 강하고 낙관적이라는 것을 알 수 있다. 크게 성공한 사람들 중에는 가파른 우상향 글씨를 쓰는 경우가 많다. 벤저민 프랭클린, 존 F. 케네디, 마이클 잭슨, 앤디 워홀, 찰리 채플린 등이 해당한다.

반대로 우하향 글씨를 쓰는 사람은 우울증이 있는 경우가 많다. 어니스트 헤밍웨이, 클로드 모네, 찰스 램, 아돌프 히틀러 등의 필체가 그 예다. 특이하게도 윈스턴 처칠은 전체적으로 우상향이지만 중간 중간에 우하향하는 부분도 있다.

## 나는 결코 절망하지 않는다

라이너 지텔만에 따르면 부의 엘리트(재산을 상속받지 않고 자신만의 남다른 감각으로 큰 부를 축적한 사람)에 대한 인터뷰 결과 낙관주의자라는 가설이 사실로 증명됐다. 행동경제학에서는 기업가와 투자자의 성공 요소로 낙관주의와 초낙관주의의 역할을 이야기한다. 여기서 초낙관주의란 미래를 긍정적으로 생각하며 자신의 능력을 과대평가하는 경향을 뜻한다.

정주영은 스스로 매사를 나쁜 쪽으로 생각하기보다는 좋은 쪽으로 생각하며 느끼고, 그 좋은 면을 행복으로 누릴 수 있는 소질을 타고났다고 생각했다. 그는 어떤 일을 시작하든 '반드시 된다'는 확신 90%에 '되게 할 수 있다'는 자신감 10%로 완벽한 100%를 채웠다. '안 될 수도 있다'는 회의나 불안은 단 1%도 끼워 넣지 않았다.

일단 시작한 일은 무슨 일이 있어도 성공시켜야 한다는 누구도 못 말리는 '왕고집'이 있었고 반드시 성공한다는 확고한 신념이 있었으며 신념이 있는 한 멈출 수 없었다. 미포조선소, 서산 간척, 88서울올림픽 유치 등은 주변에서는 불가능하다고 했지만 그가 밀어붙여서 성공시킨 결과물이다.

● 제프 베이조스 필체 ●

글씨가 크고 속도가 빨라서 시원시원하다. 전체적으로 우상향하는데, 특히 마지막에 길게 45도로 위로 올라가는 것은 기가 세고 긍정적, 낙관적인 마인드가 강하고 야망이 있다는 것을 말해 준다. 글씨가 부드럽고 우상향하는 것은 협동성을 알려준다. 'j'와 'f'가 위아래로 긴 것과 'i'의 점이 높게 찍히는 것을 보면 상상력이 풍부하다. 그는 일론 머스크와 우주비행을 경쟁하고 있다. 알파벳을 세로로 삼등분했을 때 위 구역이 발달해서 그가 장기적 관점을 중시한다는 사실을 알려준다. 1997년 그의 첫 주주서한 첫 표제에 굵은 글씨로 '가장 중요한 것은 장기적 시각'이라고 썼고, 장기적 시각을 진정한 주인의식의 필요조건이자 결과로 여겼다. 아마존은 장기적 관점에 집중하기 때문에 다른 기업들과는 다른 결정을 내리고 거래의 비중을 다른 곳에 두곤 했으며 성장을 위해 단기적 이익을 포기해서 결국 더 큰 성공을 일구었다.

또한 't'의 가로선이 매우 길어서 강한 인내심을 보여준다. 그의 강점은 활기 있는 끈기, 그리고 끈기 있는 활기이다. 116달러까지 치솟았던 아마존 주가가 6달러까지 곤두박질칠 때 애널리스트들이 '아마존 토스트'라고 비웃으며 문을 닫을 것이라고 예상했다. 하지만 그는 기꺼이 위험을 감수하고 확신을 고수한 끝에 결국 살아남았다.

아마존의 핵심 단어 중 하나가 '끈기'와 '절약'이다. 'B'의 아래가 열려 있는 것은 말이 많다는 것을 알려준다. 마지막 글자인 's'의 마지막이 길게 늘어지는데 이는 일을 매우 잘하고 기세가 세다는 것을 알려준다. 부드러운 필선은 개방적이고 창의적이라는 것을 말해준다.

아마존은 아이디어를 제안하는 사람이 어떤 위치에 있는 상관없이 위험 감수와 개방성을 제안하는 제반 환경을 제공해서 뛰어난 결과를 만들어낸다. 물 흐르듯이 이어지는 글씨는 통찰력을 의미한다. 그는 어린 시절 영재교육을 받았고 회사 안에서 자신을 포함한 독서모임을 운영한다. 그는 세계에서 가장 큰 서점을 만들겠다는 목표로 아마존닷컴을 창업했다.

## 이 세상에 불가능은 없다

마윈이 세운 알리바바는 "이 세상에 어려운 비즈니스는 없다"라는 기업 이념을 가지고 있다. 마윈은 직원들을 격려할 때 "오늘 힘들고 내일은 더 힘들겠지만 모레는 아름다울 것이다. 그러나 안타깝게도 많은 사람이 모레가 오기 전에 죽는다. 모레의 태양을 볼 수 있는 사람이 진정한 영웅이다"라고 말했다.

오프라 윈프리는 『내가 확실히 아는 것들』에서, 두려워하는 것에는 아무런 힘이 없고 두려움 그 자체만이 힘이 있으며 그래서 우리 앞에 펼쳐진 길이 아무리 험난하다 해도, 초조함을 뒤로 하고 계속 발걸음을 내딛겠다고 굳게 마음먹어야 한다고 강조했다.

'E'위 윗부분이 한번 감기면서 넉넉하고 풍요로워 보이는 것은 이상주의를 뜻한다. 'M'의 첫 번째 봉우리가 큰 것은 큰 열망이 있음을 알려준다. 마지막 부분이 45도로 올라가는 것은 다른 부자들과 같은데 마지막에 한 번 더 올라가는 것을 보면 비범인 중에도 비범한 인물이다.

부드러운 곡선 위주의 글씨로써 상상력, 융통성, 협동성이 풍부하다는 징표다. 그는 10대 때 분리하기 힘들 정도로 머릿속에 공상과 현실이 혼재했다. 우주에서 맞이할 인류의 운명을 보호하는 것이 자신의 의무라고 생각했다. 그는 세상을 바꿀 수 있다고 굳게 믿는다.

곳곳에 모난 부분이 있어서 독선적이거나 강인함도 갖추고 있다는 사실을 알 수 있다. 그가 경영하는 스페이스 엑스는 2021년 4월 인류를 다시 달에 보내는 '아르테미스' 프로젝트를 추진 중인 NASA로부터 28억9000만 달러 규모의 달 착륙선 사업자로 선택되었다.

## ● 신격호 필체 ●

전형적인 우상향 글씨여서 긍정적인 마음가짐을 알 수 있다. 속
도가 빠른 글씨는 뭐든지 마음먹으면 곧바로 하고 나중에 한다
는 생각은 버린다는 그의 생활태도와 관련이 있다. 빠른 속도에
도 불구하고 글씨에 흐트러짐은 없어서 따질 것은 따지고 지나
치게 서두르지 않는다는 것을 알 수 있다. 가로선과 세로선이 모
두 길고 특히 가로선의 마지막 필획을 길게 올린다. 이는 강한
인내심과 최고의 품질을 추구했다는 것을 말해준다. 제2롯데월
드와 롯데타워의 사업 허가를 받는 데만 20년이 걸렸지만 그는
한 번 시작한 일은 중간에 포기하지 않았다. 필선이 전체적으로
부드럽고 모나지 않아서 성격이 튀지 않고 상상력이 풍부함을

말해준다. 그는 껌 사업을 본격적으로 시작한 1961년 '상금 1천
만 엔 지급 천연치클 세일' 행사를 시작해서 선풍적인 인기를 끌
었다. 자신의 이름 크기가 다른 부분과 같은 것으로 보아 과시욕
은 약하고 실속을 중시했다.

## 세 번째, 활력 넘치는 두뇌 회전은 빠른 속도에 있다
## : 빠른 속도 - 열정, 빠른 머리 회전

### 빠른 글씨는 어떻게 쓸까?

중국의 필적학자 씨옹니앤웬熊年文은 『필적·성격·운명笔迹·性格·命运』에서 판스
이의 글씨를 번갯불처럼 빠른 모습을 하고 우레같이 맹렬하고 바람같이
신속하다고 표현했다. 폴 게티, 워런 버핏, 오프라 윈프리, 마이클 블룸버
그, 빌 게이츠, 조지 소로스, 제프 베이조스, 마윈 등 대부분의 슈퍼리치들
은 빠른 글씨를 쓴다.

　그러면 어떤 글씨가 속도가 빠른 것일까? 아래의 문항은 한글로 된 글
씨의 속도를 판별하는 기준이다. 18개 항목 중 12개 이상에 해당하면 글
씨의 속도가 빠르다고 볼 수 있다.

　　□ 글자의 높이가 10~20㎜ 정도로서 다소 큰 편이고 아주 크거나 작지 않다.

□ 글씨의 크기가 뒤로 갈수록 작아진다.

□ 획이 부드러운 곡선 형태이고 모서리의 각이 져 있지 않다.

□ 개별 글자의 마지막 부분이 완전한 모양을 갖추지 못하고 소홀하게 처리되어 있다.

□ 글씨 형태가 비뚤어진 편이고, 섬세하지 못하여 읽기 어렵다.

□ 'ㅎ'에서 'ㅡ'부분이 생략되는 것과 같이 글자의 일부가 생략된다.

□ 'ㅡ'의 길이가 과장되어 있는 등 필획이 연장되고 생생한 경우가 종종 있다.

□ 'ㅎ'을 'ㅡ'와 '6'을 합한 것 같은 모양으로 쓰는 등 머리 부분과 아랫 부분이 연결되어 있다.

□ 주저한 흔적이 없고 필선이 유려하다.

□ 'ㅁ'의 마지막 부분이 닫히지 않는 등 열린 형태다.

□ 자연스럽고 지나치게 정교하지 않다.

□ 글자 간격과 행의 간격이 좁은 편이다.

□ 'ㅏ'를 쓸 때 'ㄴ'과 비슷하게 쓰는 식으로 형태가 단순화되는 경향이 있다.

□ 줄이 가지런하지 않은데 행의 기울기가 오른쪽으로 갈수록 올라간다.

□ 'ㅣ'를 쓸 때 힘차고 곧게 내려간다.

□ 'ㅣ'의 마지막 부분을 꺾어 올리는 것 같은 형태를 보이지 않는다.

□ 필압이 극단적으로 강하거나 약하지 않다.

□ 활발하고 리듬감이 있고 지나치게 규칙적이거나 지나치게 불규칙 적이지 않다.


글씨의 속도는 신체적 정신적 활동의 리듬을 의미한다. 빠른 글씨는 두

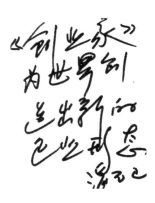

판스이의 필체를 보면 빠른 글씨란 어떤 것인지 잘 알 수 있다. 열정이 넘치고 머리의 회전이 매우 빠른 사람이다. 전형적인 우상향의 글씨로써 긍정적으로 사고하고 사람들과 협력을 잘 한다는 걸 알 수 있다. 글씨가 크고 유창하며 물 흐르는 듯 곡선 위주다. 개방적이고 변화를 잘 받아들이며 협동성이 있다는 의미다. 때때로 밖으로 뻗어나가는 형태를 보면 기상이 높고 강렬하다는 것을 알 수 있다. '세世'자의 마지막에서 꺾어 쓰는 등 그의 필체에서 결단력과 책임감 또한 볼 수 있다. 서명이 다소 작은 것은 자신을 드러내지 않는다는 것을 의미한다. 단어나 행의 간격이 좁고 여백이 별로 없어서 절약하는 특성을 보여준다. 글자의 구성 부분 사이에 공간이 넓어서 다른 사람들의 말을 경청하고 포용력이 있음을 알 수 있다.

뇌 반응이 활발함, 지적, 신체 건강함, 성격이 호쾌함, 행동이 신속함, 민첩함, 활력이 충만함, 역동적, 적극적, 진취적, 변화의 욕구, 자기표현능력이 강함, 기백, 열정, 목표의식 있음 등을 의미한다.

## 돈은 속도를 사랑한다

Currency<sup>통화</sup>라는 단어는 '활기차게, 열심히, 빠르게 뛰다'를 뜻하는 고대 프랑스어 Corant와 '달리다, 빠르게 움직이다'를 뜻하는 라틴어 Currere에서 유래했다. 30살에 백만장자가 된 롭 무어에 따르면 꾸물거림과 우유부단은 우리가 두려움, 고통, 위협적인 상황을 피할 수 있게 도와주는 역할을 하는 인간의 평범한 특성이다.

나폴레온 힐이 "미루는 습관을 버리자. 완벽한 때라는 건 결코 없다"라고 말했듯이 시작하기 전에 만반의 준비를 하는 것은 불가능하고 그렇게 할 이유도 없다. 열정은 어떤 일을 하고 싶도록 하는 마음가짐으로 모든 일을 할 때 도움이 되는 근원적인 생명력이다. 열정은 자신을 재충전하고 역동적인 삶을 사는 원동력이다.

하지만 무작정 성급하게 하거나 열정적으로 한다고 부자가 되지는 않을 것이다. 감정을 통제하지 못하거나 일시적 만족감에 노출되면 부를 축적하지 못한다. 이는 더 현명한 선택을 하지 못하기 때문에 생기는 결과다. 무언가를 서둘러 하려는 성급함은 공포, 걱정, 탐욕, 과시욕 등에서 오는데 자산과 소비재에 대한 과다한 지불로 이어지고 다른 사람들로부터 이용당할 위험이 커진다.

## ● 마이클 블룸버그 필체 ●

글씨의 속도가 매우 빨라서 두뇌 회전이 정말 빠르고 활력이 넘친다는 것을 알 수 있다. 필획이 서로 연결되어 논리적이고 순차적인 마음과 문제를 해결하는 능력인 통찰력이 있다. Michael 중 'l'의 마지막 획이 기준점 아래로 내려오고 'y'의 아랫부분이 기준선보다 많이 내려오는데 이는 결단력, 책임감을 말해준다. 게다가 't'의 가로선이 매우 길어서 끈기가 대단한 사람이다. 'o'를 쓰면서 고리가 없는데 그의 정직성을 알려준다. 가파르게 우상향하는 글씨는 절대 긍정의 마음가짐의 징표다.

대부분의 사람들은 단시간에 성취할 수 있는 것을 과대평가하고 평생 이룰 수 있는 것을 과소평가하는 경향이 있다. 속도를 중시하면서 실패 확률을 줄이려면 장기적인 안목, 통찰력, 인내심, 이성적인 사고력 등이 있어야 하는데 슈퍼리치들이 그렇다.

## 우물쭈물하다간 돈이 도망간다

정주영은 자신의 성공비결로 주어진 시간이라는 자본을 꽤 잘 요리한 것을 꼽는다. 언제나 남보다 빠른 시간에 새로운 일을 계획하고, 뛰어들고, 마무리하고, 남이 우물쭈물하는 시간에 벌써 돌진했기에 성공할 수 있었다는 것이다. 그에게 있어 기업이란 냉정한 현실이자 행동함으로써 이루고 키워나가야 하는 것이었다.

그는 아무리 어려운 일을 지시할 때도 시간을 많이 주지 않고 "내일 아침까지 해놓으세요"라고 말했다. 직원들은 모두 바쁘기 때문에 시간을 줘봤자 다른 일 하느라고 지시한 일은 하루 이틀 미룰 게 뻔하다는 것을 그는 알고 있었다. 이는 모든 일은 최대한 빠른 시간 안에 온 힘을 다해 집중력 있게 처리하는 것이 그 결과도 좋다는 걸 알았기 때문이다.

## 요즘 부자의 글씨는 더 빨라져

제조업으로 부자가 되던 시대보다 지식산업이 주축이 된 오늘날, 부자들의 글씨가 더 빨라졌다. 예전에 비해 생체 리듬이나 사회의 흐름이 매우 빨라졌고 그에 따라 돈의 흐름의 속도도 계속 빨라졌다. 부를 창출하는 원천은 예전부터 속도지만 그 중요성이 더해지고 있는 것이다.

글씨의 속도가 매우 빨라서 기세가 강하고 판단이 빠르다는 것을 알 수 있다. 첫 글자인 'O'를 매우 크게 쓰는 것은 자신감이 충만하고 과시욕이 있다는 걸 말해준다. 가파르게 우상향하는 글씨는 긍정적인 마음가짐을 알려주는데 그녀는 8살 때부터 '주 안에서 기뻐하라. 그리하면 그분이 네 마음의 소망을 이루어주시니'라는 성경 문구를 항상 주문처럼 외며 살아왔다.

'W'자가 매우 크고 마지막 부분이 위쪽을 향하는 것은 용기가 있다는 것을 알려준다. 서명의 마지막 부분이 길게 늘어지는 것은 나폴레옹 보나파르트 같은 비범한 인물에게서 보이는 특징으로써 그녀의 글씨는 늘어지다가 위로 올라가고 다시 큰 원을 그려서 상당히 비범한 인물이라는 것을 알 수 있다.

'i'의 점이 매우 높은 것을 보면 높은 이상을 좇는 사람이다. 'Blessings'에서 리드미컬하며 알파벳 사이의 간격이 있고 중간 영역의 적은 변화가 있는 것은 직관력의 징표다.

'p'의 세로획이 매우 길고 채찍 형태로 생긴 것은 다른 사람을 통제하고 싶어 한다는 것을 알려준다. 단어나 행의 간격이 좁고 여백이 별로 없다는 것은 검소한 특성을 보여준다.

인도 최대의 이동통신사를 경영하는 수닐 미탈은 성공의 비결을 묻는 질문에 '속도'라고 대답한다. 속도 제일주의는 1975년 설립된 패션회사 '자라'의 성공 열쇠가 된다. 자라는 일주일에 두 번씩 신상품이 나오고 제품 중 70%가 2주 안에 바뀐다. 이로 인해 패스트푸드처럼 순식간에 완성되고 순식간에 판매되는 '패스트패션'의 효시가 되었다.

제프 베이조스는 2016년 주주서한에서 빠른 의사결정을 위한 아이디어를 제시했다. 첫째, 절대 일률적인 절차를 밟지 않는다는 것이다. 둘째, 대부분의 의사결정은 가졌으면 하는 정보가 70% 확보된 선에서 이루어져야 한다는 것이다. 셋째, '의견은 다르지만 해보자'라는 말을 사용하는 것이다. 넷째, 심각한 의견 불일치 상황이 발생하면 빨리 인지하고 해당 사안에 대한 결정을 즉각 상부에 맡긴다는 것이다.

손정의는 마윈을 처음 만났을 때 5분 만에 투자를 결정했다. 그는 당시 상황을 이렇게 이야기했다. "눈에서 엄청난 카리스마가 느껴졌습니다. 동물적인 감각으로 냄새를 맡았다고나 할까요? 이 사람이 100명의 부하에게 물에 뛰어들라고 하면 모두 뛰어들겠구나. 아니 불 속으로 뛰어들라 해도 따를 사람이 있겠구나 싶었습니다. 그가 발산하는 어마어마한 힘은 결코 회계 지식이나 수학 지식에서 나오는 그런 것이 아니었습니다."

손정의는 400만 달러를 투자하고 싶다고 이야기했지만 마윈은 200만 달러로 줄여달라고 부탁했다. 결국 200만 달러가 투자되었고 이 돈은 나중에 10조 엔의 가치를 가지게 되었다.


## 네 번째, 결단과 책임의 자세로 끝을 꺾어라
## : 끝부분을 꺾어서 씀 - 결단력, 책임감


### 결단하고 싶다면 꺾어라

정주영은 'ㅡ', 'ㅈ', 'ㅊ'의 마지막 부분을 왼쪽 방향으로 꺾어 쓴다. 이병철, 마쓰시타 고노스케, 리카싱, 판스이, 런즈창, 류촨즈, 마윈, 리양, 조지 소로스도 획의 마지막 부분을 꺾는다. 이처럼 슈퍼리치들의 글씨는 마지막 부분에서 꺾어서 쓴다는 특징이 있는데 일본 필적학자들은 날개의 끝부분을 꺾어서 쓴다고 표현한다. 이렇게 쓰려면 끝까지 힘을 빼지 않아야 해서 결단력, 책임감, 끈질긴 성격을 알려준다.

획의 마지막 부분을 꺾든, 굳게 닫든, 강하게 누르든 마지막 부분을 강하게 처리하는 것은 돈과 직접 관련이 있음이 분명하다. 알파벳에 대한 해외 필적학자들의 견해도 유사하다.

마무리를 확실하게 꺾거나 길게 끌거나 힘을 주어서 결단력, 책
임감이 뛰어남을 알 수 있다. 소프트뱅크의 주가가 2000년 2월
정점을 찍고 내리막길로 흘러 바닥을 쳤을 때 주가는 100분의 1
로 줄어 있었다.

그는 2001년 브로드밴드 진입이라는 일생일대의 승부수를 던졌
는데 그의 평소 투자를 결정하는 요건인 '7할의 승산'과는 거리
가 먼 상황이었다. 그는 이 승부를 일본 역사에 길이 남을 오케
하자마<sup>桶狭間</sup> 전투의 대역전극과 비슷하다고 본다.

오케하자마 전투는 1560년 25,000명이란 대군을 이끌고 오와리
국을 침공한 이마가와 요시모토<sup>今川義元</sup>를 오다 노부나가<sup>織田信長</sup>가
2,000명의 병력을 이끌고 야간 기습을 가해 요시모토를 죽이고
이마가와군을 패퇴시킨 역사상 가장 화려한 역전극이라고 일컬
어진다. 그 이외에도 스스로의 표현대로 '머리가 터질 때까지' 생
각해서 수없이 많은 일을 결단했다.

필체를 보면 그는 어중간한 것을 싫어한다. 연면형 글씨는 통찰

력이 있고 의리를 중시한다는 것을 알려준다. 지구촌을 그려보며 경영하는 큰 배포와 야망을 가지고 이를 만들어낸 인물답게 글씨가 크고 마지막 획이 큰 호ᆐ를 그린다. 그의 이런 배포는 어릴 때 그의 아버지 송삼헌이 항상 "대단해! 너는 천재다!"라고 칭찬했던 것과 관련이 있을 것이다.

'義옳을 의'자 중에서 가로선들의 간격이 같아서 머리가 좋고 논리적이라는 것을 알 수 있다. '孫손자 손' 중에서 왼쪽 변의 아랫부분이 큰 원을 그리는데 이는 '돈주머니'가 매우 크다는 의미로 해석할 수 있다. 모서리가 부드러운 것은 융통성과 배려심이 있으며 주위 사람들에게 너그럽다는 걸 말해준다. 인내심을 의미하는 가로선이 긴 것은 물론이다.

독일 필적학자협회의 초대 회장을 지냈고 뮌헨대학에서 필적학을 오래 강의했던 헬무트 프로그Helmut Ploog 박사도 『필적의 의미Handschriften deuten』에서 글자의 마지막을 강조하는 것은 결단력을 의미한다고 보았다. 그에 따르면 글자의 마지막 부분은 어떤 결론을 낼지, 목표를 어떻게 이룰지를 말해주고, 넓은 글자간격, 평평한 기울기 등도 결단력을 의미한다고 보았다.

영국의 필적학자 글로리아 하그리브스Gloria Hargreaves와 페기 윌슨Peggy Wilson은 『필적학 사전A Dictionary of Graphology』에서 'H'의 가로선 마지막에 꺾어서 굳게 닫는 것을 돈을 모으고 관리하려는 의지가 강하다고 분석한다. 'j', 'm', 'p'의 마지막 획에서 꺾어서 굳게 닫는 것도 마찬가지이다. 'T'의 가로선을 마지막에 꺾어서 굳게 닫는 것도 의지, 탐욕의 표현이라고 해석한다.

## 평범과 비범의 차이

작가 채닝 폴록Channing Pollock은 많은 위대한 인물들이 가졌던 유일한 행운은 불운을 극복할 수 있는 능력과 결단력을 갖고 태어났다는 것뿐이라고 했다. 평범한 사람과 비범한 사람의 차이는 결단력에 달려있다고 할 수 있다. 앤서니 로빈스는 굳세고 단호한 조치를 취하는 것, 그것이 성공에 이르는 길이라고 했다.

자수성가 백만장자 500명을 넘게 만나며 롭 무어는 한 가지 결론에 도달했다. 바로 비슷한 조건에서도 결국 남다른 성공을 만들어내는 사람들에게서 놀라운 공통점을 발견했는데 그것은 '결단력'이었다. 그는 『결단』이라는 책을 써서 아마존 베스트셀러가 되었다. 그에 따르면 자수성가 백만장자들은 자신감 있게 결정을 내리고 필요할 때 '천천히' 결정을 바꾼다. 나폴레온 힐도 신속하고 확고한 결단력을 리더십의 주요한 선행조건 중 하나로 꼽았다.

## 우물쭈물하다 내 이럴 줄 알았지

산업 불모지 대한민국에서 아무도 가보지 않은 길을 개척한 이병철은 끊임없이 결단해야 했다. 6·25동란 중인 1953년 제일제당을, 주위의 비아냥거림에도 불구하고 1954년 국내 최초의 모직공장인 제일모직을 세운 것

## ● 리양 필체 ●

전체적으로 모나고 속도가 매우 빠르다. '國나라국'의 획의 마지막 부분이 꺾여 올라갔다. 기울어지고 결구가 근중한 것은 사고가 남달리 독특하다는 것을 말해준다. 빠르고 자유로우며 용맹스러운 필체는 결단력이 강하고 앞으로 용감하게 나아가며 자신감이 충만하여 행동력이 있다는 것을 알려 준다.

글씨가 크고 뻗쳐나가는 형태여서 시원하고 깨끗한 품성을 의미한다. 복잡하지만 어지럽지는 않고 모가 많이 나서 산만하지 않고 규율을 잘 지킨다는 것을 알 수 있다. 'Best Wishes'에서 리드미컬하게 배치된 알파벳 사이에 끊어져 있는 것이 발견되는데 이는 직관력을 의미한다. 단어나 행의 간격이 좁고 여백이 별로 없다는 것은 절약하는 특성을 보여준다. 글자 구성 부분 사이에 간격이 좁아서 포용력은 약하고 장인 기질이 있음을 알 수 있다.

은 큰 용기이고 결단이었다.

마윈은 자신의 모든 꿈과 희망을 담아 정성껏 키운 중국 최초의 상업 사이트인 차이나페이지가 합작 파트너의 배신으로 인해 자신의 뜻을 펼 수 없게 되는 문제가 생기자 과감히 사표를 내고 떠났다. 2011년 알리바바의 기업 가치관을 지키기 위해 B2B CEO 웨이저와 COO 리쉬후이를 인책 사임하고 알리바바 B2B와 그룹 전체 인력을 책임졌던 CPO 덩캉밍을 전격 해임했다.


정주영은 고향에서 탈출하기 위해 가출했다가 아버지에게 세 번이나 잡혀갔지만 결국 네 번째 성공했다. 그가 쓴『이 땅에 태어나서』에는 주베일 산업항 공사를 할 때 모든 기자재를 울산조선소에서 제작해서 세계 최대 태풍권인 필리핀 해양을 지나 동남아 해상, 몬순의 인도양에서 걸프만까지 대형 바지선으로 운반하자는 결정을 할 때 장면이 나온다.

"단 한 사람도 산뜻한 얼굴을 하지 않은 가운데 나는 결단을 내렸다. 우물쭈물하고 있을 시간이 없었다. 시간이 곧 돈인데, 비록 객관적으로 무리한 결정이라 할지라도 나 자신한테 성공에 대한 확신만 있으면 나는 주저하지 않는다. 물론 모든 이들에게는 나의 그 결정이 막무가내의 도박이었을 것이다."

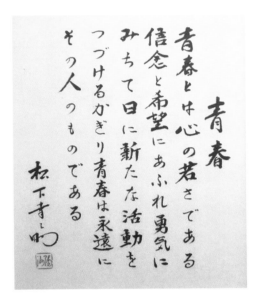

마쓰시타 고노스케가 직접 써서 전국 내쇼날 판매점에 나눠준 글씨로써 "청춘이란 마음의 젊음이다. 신념과 희망이 넘치고 용기에 차 매일 새로운 활동을 하는 한 청춘은 영원히 그대 곁에 있다"라는 뜻이다.

속도는 그리 빠르지 않고 어느 획 하나 흐트러짐이 없어서 최고를 지향하며 빈틈이 없었던 것을 알려준다. 네모반듯한 글씨를 쓰는데 이는 정직하고 보수적이라는 의미다. 그는 사업은 노력하는 것만큼 버는 것이라는 신념을 가지고 있었다. 획의 마지막을 꺾어서 결단력을 보여주고 가로선이 매우 긴 것은 인내심의 징표다.

그는 확고한 신념을 가진 사람은 불경기일수록 돈을 번다고 생각했다. '口<sup>입구</sup>'의 오른쪽 아래가 굳게 닫혀 있어서 근검절약했다는 것을 알 수 있다. 행 간격은 어느 정도 유지되고, 글자의 구성 부분 사이의 충분한 간격은 남에게 피해를 주는 것을 싫어하고 소통에 강한 성향이다.

그는 경영의 최종 목적이 사회적 사명을 얼마나 잘 실천했는지를 대는 척도라고 했고 그 사명을 깨달은 날을 창업 기념일로 정했다. '爲<sup>할위</sup>'자를 쓰면서 밑의 4개의 점을 '一<sup>한일</sup>'자처럼 쓴 것을 보면 통찰력을 가지고 있었다는 것을 알려주는데 그는 1960년 대에 이미 주5일 근무제를 시행했다. 전체적으로 45도 정도 우상향의 기울기를 보여서 긍정적인 사고를 보여준다.

그가 남긴 말을 보면 그가 얼마나 긍정적이었는지 알 수 있다. "누군가 나에게 성공의 비결을 묻는다면 나는 첫째 부유하지 못했고, 둘째 건강하지 못했고, 셋째, 배우지 못했기 때문이라고 말할 것입니다. 가난했기 때문에 어린 시절부터 세상살이에 필요한 경험을 쌓았고, 허약한 나 자신을 극복하기 위해 노력했으며, 학교를 제대로 마치지 못했기 때문에 모두에게 배우려는 긍정적인 자세를 가지고 살았습니다."

## 다섯 번째, 절약과 실속을 위해 미음을 굳게 닫아라
## : 굳게 닫은 ㅁ - 절약, 실속

### 'ㅁ'의 오른쪽 밑부분을 굳게 닫아야 새는 돈을 막는다

모파상의 소설『목걸이』에서 주인공 마틸드는 하급 관리의 아내로서 넉넉하지 못했지만 화려한 생활을 동경했다. 어느 날 장관 부부가 주최하는 파티의 초대장을 받고 남편에게 옷이 없다고 탓하자 남편은 몰래 저금해 둔 4백 프랑을 내놓는다. 멋진 옷이 생겼지만 그녀는 보석이 없음을 다시 탓했고 부자 친구인 폴레스체에게 목걸이를 빌렸다. 파티에서 마틸드는 누구보다도 아름답고 기품이 있었지만 집으로 돌아온 후 목걸이가 없어졌음을 알게 된다.

두 사람은 파리 시내를 헤매며 가까스로 폴레스체의 것과 같은 모양의 목걸이를 찾아냈고 남편은 아버지가 남긴 1만 8천 프랑과 모든 물건을 담보로 3만 6천 프랑을 주고 샀다. 그 엄청난 빚을 갚기 위해 두 사람은 작은 셋방으로 옮겼고 닥치는 대로 일한다. 빚을 다 갚기에는 10년의 세월이 걸렸다. 이제는 늙어버린 그녀가 어느 날 샹젤리제에서 폴레스체를 만나게 되었을 때 자기가 빌렸던 그 목걸이가 사실은 값싼 모조품이었음을 알게 된다.

부자들의 두드러지는 특징 중 하나가 검소라는 것은 다소 의외다. 앤드류 카네기, 존 D. 록펠러, 워런 버핏, 조지 소로스, 오프라 윈프리, 마크 저커버그, 판스이, 리양, 손정의, 잉바르 캄프라드는 단어나 행의 간격이 좁고 여백이 별로 없는 글씨를 쓰는데 이는 절약하는 성향을 의미한다.

정주영, 이병철, 구인회, 마쓰시타 고노스케, 리양은 'ㅁ' 또는 'ㅁ입ㄱ'의 오른쪽 아래 모퉁이를 굳게 닫는다. 이는 절약, 높은 완성도를 의미한다.

---

### ● 구인회 필체 ●

'和화할화', '團둥글단', '結맺을결'의 오른쪽 아래 모서리를 굳게 닫고 있는데, 이는 절약과 일의 완성을 의미한다. 자수성가한 슈퍼리치들은 매우 검소한 경우가 많다. 이름 부분이 다른 부분보다 작은 크기인 것은 과시욕이 적고 실속을 추구한다는 뜻이다.

모나지 않은 글씨는 온화한 인품을 알려주지만 글씨에 힘이 있고 가로획의 마지막에 꺾임이 있어서 결단력과 책임감도 있었음을 알려준다. 글자를 구성하는 부분 중에서 처음 부분과 마지막 부분의 크기가 균형을 잡거나 마지막 부분이 오히려 더 크다. 이는 용두사미로 끝내지 않고 일을 완성한다는 의미를 가진다.

---

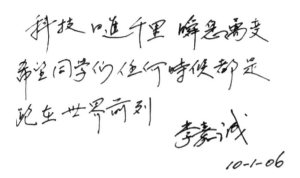

科技日進千里 瞬息萬變
希望同學仍任何時候都是
跑在世界前列
李嘉誠
10-1-06

글자의 간격이 좁아서 성격이 급하고 절약한다는 사실을 알 수 있다.

그가 14살 때, 폐병으로 사망한 그의 아버지는 실패해도 절대 절망하지 말고 성공해도 초심을 잃지 말라고 당부했는데, 그는 평생 그 말을 잊지 않았다. 그는 손수 자동차를 운전하고 값싼 시계를 차고 다닌다.

가로선과 세로선이 매우 길어서 최선의 결과를 내기 위해서 노력하고 인내심이 강하다는 것을 알려준다. 획의 마지막 부분이 꺾이는 것은 결단력, 책임감을 말해준다. 매우 빠른 글씨는 열정이 있고 두뇌 활동이 민첩하다는 것을 의미한다.

그는 딤섬집 종업원으로 일하면서 손님들에게 각기 맞는 이야기와 서비스를 제공해 많은 단골을 확보했다. 크고 작은 글씨들이

조화를 이루고 있어서 현실에 안주하지 않고 변화를 추구하며 모험심을 가지고 있음을 알려준다. 그는 이탈리아에서 플라스틱 조화를 처음 만들었다는 소식을 듣고 공장에 취업하여 조화 만드는 법을 배웠다. 이를 통해 이름 없는 작은 회사였던 청쿵실업을 조화 하나로 세계 최대 규모의 회사로 성장시켰다.

결구가 열려 있고 근중하며 필획의 마지막이 강건하여 풍모와 재능이 뛰어나고 사고가 정밀하며 실행력이 있다. 필선에 부드러움과 강인함, 호방함과 세심함을 겸비하고 있다. 부드러운 필선은 개방성, 협동성을 말해준다. 그는 장사하는 방식으로 세 가지를 꼽았는데 첫째, 새로운 것을 창조하라, 둘째, 개선하라, 셋째, 시대의 흐름을 따르라는 것이었다. 글자의 구성 부분 사이의 간격이 넓어서 포용력이 있음을 알 수 있다. 그는 어머니로부터 겸손한 마음과 더불어 사는 방법을 배워서 다른 사람들과 늘 좋은 관계를 유지했다고 한다.

검소는 자제력의 일종으로 돈을 관리하는 능력을 의미하고 돈을 신중하게 관리하면 자연히 검소하게 된다. 독일의 최고 부자로서 할인마트 체인 알디의 창업자 카를 알브레히트는 절대 부를 과시하지 않을 뿐 아니라 은둔 성향을 보인다.

슈퍼리치들의 글씨를 보면 첫 글자가 대부분 작고 매우 큰 경우는 드물어서 과시욕이 적고 실속을 추구한다는 것을 알 수 있다. 오프라 윈프리, 브라질의 에이케 바티스타와 같이 쇼맨십이 뛰어난 경우도 있지만 예외에 속한다.

에이케 바티스타는 2012년 세계 부자 순위 7위에 올랐지만 신용을 잃으면서 다음 해 말 재산이 99%나 줄어들었고, 2017년 1월 부패 혐의로 교도소에 수감되기까지 했다. 대다수의 사람들은 과시하고 체면치레하는 것을 좋아하는데 슈퍼리치들은 달라서 과시보다는 절약을, 체면보다는 실속을 중시한다.

슈퍼리치 중에 혼자 있을 때 비싼 음식을 먹는 경우는 극히 드물다. 뿐만 아니라 소비재와 같이 시간이 갈수록 가치가 떨어지는 것을 사는 데는 인색하다. 외적인 향락을 우스꽝스럽게 여길 수 있는 능력은 성공에 중요한 관건이다. 표현이 좀 과하지만, 파스칼은 자기만족을 위한 모든 짓들을 '지구를 혀로 핥는 것'이라고 했다. 절약하고 싶다면 존 D. 록펠러가 제시하는 방법을 참고하라. 돈을 쓸 때 아버지나 어머니가 그 장부를 보고 당신의 씀씀이를 확인한다고 생각하고 적는 것이다.

## 자제력은 부를 위한 필수 자질

앞서 말한 『부자의 집사』를 쓴 아라이 나오유키는 부자들의 습관 중 하나로 절약을 들면서 절약은 최고의 투자라고 말한다. 자수성가한 부자들은 한턱내기를 하지 않고 수수한 옷을 입고 다니는 경우가 많다.

라이너 지텔만의 연구 결과에 따르면 저축을 많이 하는 사람일수록 부자가 될 가능성이 높다. 전미금융교육재단의 통계를 보면 갑자기 거금이 생긴 사람 중 70퍼센트가 5년 내에 그 돈을 전부 잃는다. 복권 당첨자 중 44퍼센트는 5년 내에 당첨금을 모두 썼다. 돈을 관리하는 능력, 즉 자제력이 없으면 부자가 될 수 없다.

워런 버핏은 62년 전 30만 1,500달러에 구매한 자택에서 아직도 살고 있는데 아무런 보안 시설도 경호원도 없다. 직접 차를 몰고 출근하면서 맥도날드에서 '모닝 세트' 중 하나를 고른다. 재정적으로 넉넉하지 않다고 느껴질 때는 그중에 싼 것을 고른다.

평소에는 2.95달러짜리 메뉴를 먹고 일이 잘 되지 않는다고 느낄 때는 소시지 패티 1장이 들어간 2.61달러짜리를 먹는다. 그가 소박한 삶을 사는 이유는 그 누구보다도 복리 수익률의 힘을 잘 알기 때문이다. 1957년 그가 10달러를 자신의 투자조합에 투자했다면 58년 동안 22%의 복리 이자가 불어나면서 100만 달러가 된다는 식이다.

폴 게티는 절약이 지나쳐서 비난을 받았다. 그는 자기 집에 온 손님들이 전화를 사용해서 전화비가 많이 나오자 화를 내며 전화마다 자물쇠를 달아 쓰지 못하게 한 뒤에 공중전화 부스를 만들었다. 1973년 손자 납치 사건 때 납치범들이 요구한 돈을 아끼려다가 납치범들이 손자의 한쪽 귀를 베어 보내자 그제야 세금 공제 가능액인 220만 달러만 주고 나머지 80만 달러는 아들에게 4%의 이자로 빌려주었다. 불치병에 걸린 아들의 치료비를 너무 많이 썼다고 아내를 꾸짖기도 했다.

## ● 워런 버핏 필체 ●

단어나 행의 간격과 여백이 좁다는 것은 절약하는 습관을 잘 보여준다. 지독한 구두쇠인 그는 당신이 지금 필요하지 않은 것들을 구매한다면 머지않아 꼭 필요한 것들을 팔 수 밖에 없는 상황이 올 것이라고 말했다.

속도가 매우 빨라서 매우 명석하고 판단이 빠르다는 것을 알 수 있다. 'W'의 시작 부분에 큰 고리를 만드는 것은 책임감이 강하다는 것을 뜻한다. 마지막 부분은 오른쪽으로 힘차게 질주하는데 이는 낙관주의, 결단력, 책임감을 보여준다. 'f'가 아래위로 길고 날씬한 것은 상상력이 풍부하다는 뜻이다. 그가 투자에 보수적인 태도를 보이는 것은 관습적이어서가 아니라 꼼꼼한 연구와 분석을 바탕으로 한 결정이다.

't', 'F'의 가로선이 길어서 인내하는 힘을 보여준다. 그는 투자 원칙 중 하나로, 사소한 조건으로 힘겨루기를 하기보다 10, 20년

**글씨, 부자의 탄생** 　**77**

후에 펼쳐질 사업 전망에 집중하라고 강조했다. 전체적으로 오른쪽으로 올라가는데 이는 외향적이고 낙관적이라는 것을 의미한다. 그는 큰 부자가 되기 이전 어릴 때부터 단 한순간도 부자가 된다는 생각을 의심해본 적이 없다고 한다.

## 낭비하면 남의 종노릇을 면치 못한다

2000년 3월 정주영이 집을 옮겼을 때 20년은 족히 넘었을 듯한 옷과 가재도구, 12년 된 국산 17인치 TV가 언론의 칭송을 받았다. 그는 열아홉 살 때부터 객지로 나와 부둣가의 막노동과 건설현장의 돌 나르기 등 안 해본 일이 없던 노동자 시절부터 무섭게 절약하는 생활을 했다. 아무리 추운 겨울에도 장작값 10전을 아끼기 위해 저녁 한때만 불을 지펴 이튿날 아침과 점심 도시락까지 한꺼번에 밥을 지으면서 덤으로 구들장도 불기를 쏘여 냉기를 가시게 했다.

배가 부른 것도 아닌데 연기로 날려버리는 돈이 아까워서 담배도 피우지 않았다. 최초의 안정된 직장이었던 복흥상회의 쌀 배달꾼이었던 때도 전찻삯 5전을 아끼려고 새벽 일찍 일어나 걸어서 출퇴근을 했다. 구두가 닳는 것을 늦추려고 징을 박아 신었고 춘추복 한 벌로 겨울에는 양복 안에 내의를 입고 지냈다. 신문은 늘 일터에 나가 그곳에 배달된 것을 보았다. 쌀 한 가마 값의 월급을 받으면 무조건 반을 떼어 저축했고 명절 때 받는 떡값은 무조건 전액 저축으로 넣었다.

## ● 잉바르 캄프라드 필체 ●

글자 사이의 간격과 여백이 좁아서 절약하는 습성을 알 수 있다. 잉바르 캄프라드는 지독한 구두쇠로 유명한데 20년이나 된 낡은 볼보 승용차를 손수 운전하고 지하철을 즐겨 탔다. 옷은 벼룩 시장에서 구입했고 비행기 출장은 가급적 자제하지만 어쩔 수 없이 타야 할 때는 이코노미석을 이용했다. 식당에 가면 1회용 설탕과 소금을 챙기고, 마트에서 장을 볼 때는 마감 시간에 가서 할인 상품을 구매했다.

글씨가 크고 'I'가 아래위로 길어서 자신에 대한 믿음이 강하고 용기가 있다는 것을 알려준다. 연면형 글씨로써 사물이나 사안을 개별적으로 보지 않고 전체적으로 조망하는 능력이 뛰어나다. 부드러우면서도 우상향하는 글씨는 그의 협동성을 알 수 있는 단서다.

신격호가 사업 초기부터 내걸었던 창업 정신은 '거화취실去華就實'로써 롯데호텔 34층에 있던 그의 집무실에는 이 문구가 적힌 액자가 있었다. 이 말은 겉으로 드러나는 화려함을 배제하고 내실을 지향한다는 의미다. 그가 사원들에게 한 말을 보자.

"세상에는 두 가지 부류, 말하자면 돈을 저축하는 사람과 다 써버리는 사람들로 나누어집니다. 즉 절약하는 사람과 과용하는 사람들로 나누어지는 것입니다. 가옥, 공장 등 인간을 문명화시키고 행복하게 해준 위대한 업적은 저축하고 절약하는 사람들이 이루어놓은 것입니다. 자기 재산과 재능을 낭비한 사람들은 항상 이들의 종노릇을 했습니다. 이는 자연의 섭리요, 하느님의 법칙입니다."


## 여섯 번째, 자신감과 용기를 품고 크게 써라
## : 큰 글씨 - 자신감, 용기

### 높은 자신감은 부로 연결된다

슈퍼리치들의 특징 중 하나가 대단한 열정과 자신감으로 이는 큰 글씨에서 드러난다. 정주영, 마윈, 리카싱, 리양, 판스이, 런즈창, 헨리 포드, 존 D. 록펠러, 폴 게티, 빌 게이츠, 조지 소로스, 스티브 잡스, 일론 머스크, 래리 페이지, 마크 저커버그, 오프라 윈프리, 필 나이트, 캐빈 시스트롬, 블룸버그, 카네기 등이 그렇다.

정주영, 제프 베이조스, 류촨즈, 세르게이 브린, 오프라 윈프리 등 슈퍼

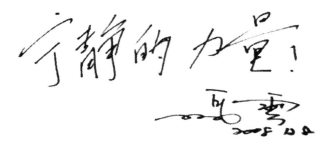

악필처럼 보이지만 자연스럽고 천진난만하며 창의성이 있다.

그의 행적만큼 글씨체도 유별나서 비범한 인물임을 알 수 있다.

글씨가 크고 기울고 짜임새가 널찍한 것은 시야가 높고 멀리 볼

줄 알며, 사상이 비범하며 거리낌 없이 자유롭다는 것을 알려준

다. 가로선과 세로선의 끝이 꺾여서 결단력, 책임감이 뛰어남을

알 수 있고 가로선이 유난히 길어서 특별한 인내심을 보여준다.

그는 "이 세상에는 운이 더 좋고 나쁜 사람은 없다. 나는 남들보

다 운이 좋았던 것이 아니라 의지가 강했을 뿐이다. 어떤 시련도

끝까지 참고 견뎠다. 아무리 힘들어도 1초만, 또 1초만 견뎌라"

라고 말했다.

글자의 구성 부분 사이의 간격이 넓어서 포용력이 있음을 알 수

있다. 필선이 경쾌하고 민첩하며 여유 있는 것은 활달하고 통이

크며 맹렬한 기세가 있다는 것을 말해준다. 서명을 하면서 매우

특이한 크기와 기울기로 격식에 구애받지 않고 자연스럽게 쓴다. 경극협회 책임자였던 아버지 덕분에 어려서부터 극장식 찻집을 돌아다니며 항저우와 쑤저우 전통 경극을 접했는데, 이 경험이 다양한 상상력을 키워준 밑거름이었다. 모난 부분이 많은 것은 의지가 강하고 다른 사람과의 마찰을 두려워하지 않는다는 의미로 해석된다. 마윈은 어린 시절 의협심이 강해 친구를 위해 두 팔 걷어붙이고 싸울 때가 많았다. 중국 정부와의 잦은 마찰도 이런 성향과 관련이 있을 것이다.

## ● 세르게이 브린 필체 ●

크고 시원시원한 글씨는 자신감과 모험심을 상징한다. 'y'의 끝 부분이 올라가는 것은 주도적이고 낙천주의임을 알려준다. 'B'를 시작하면서 넓은 고리 모양을 만드는 것은 자아를 과대하게 평가하는 경향이 있어서 자신감이 충만하지만 때로는 남들을 불쾌하게 할 수도 있다.

부드러운 곡선 위주의 글씨로써 상상력, 창의력, 협동성이 충만함을 알 수 있다. 'S'의 첫 부분이 길고 곧게 올라가는 것은 열심히 일한다는 의미다. 'i'의 점을 찍지 않은 것은 성격이 급하고 세부적인 면에 치중하지 않는 성향을 보여준다.

리치들의 글씨는 가로보다 세로가 더 큰 경우가 많다. 이는 독창적이고 즉흥적이며 변화를 좋아해서 모험심이 있다는 것을 의미한다. 큰 글씨는 리더십, 외향성, 말이 많음 등을 의미하기도 한다.

심리학자 앨버트 반두라가 사회인지학습 이론의 중심 개념으로 사용하는 '자기효능'이라는 용어가 있다. 이는 자신의 능력에 대한 믿음을 뜻하는데, 자기효능이 높은 사람은 어려운 일을 시도하고 노력을 지속하며 업무 수행 중 침착하고 분석적으로 생각을 정리할 가능성이 높다. 성공한 기업가는 높은 자기효능을 갖고 있다는 연구결과가 많다.

라이너 지텔만에 따르면 자기효능은 메타 분석에서 성공과 가장 높은 상관관계를 보인 요소다. 자기효능이 높은 낙관주의자일수록 위험 감수 성향이 높고 이런 사람일수록 주류를 거스르는 비순응주의적 성향이 높다. 비순응주의는 상식을 뛰어넘는 사고를 하는 것으로써 대중을 따르지 않고 소수의 편에 설 수 있게 한다.

　성공한 사람은 남이 모르는 비밀을 찾아낸 사람들로서 상식에 갇혀 있지 않아서 '상식'이라는 단어를 잘 사용하지 않는다. 슈퍼리치들의 글씨는 그 구성 부분 사이의 공간이 좁아서 남의 말을 잘 듣지 않는다는 특성이 있다. 이는 비순응주의와 관련이 있다. 위험감수성향과 비순응주의적 성향은 부자가 될 기질 중 하나다.

## 뻔뻔하리만큼 대담한 목표를 가져라

사회학자 볼프강 라우터바흐Wolfgang Lauterbach는 엄청난 부를 축적하기 위해서는 기업가 정신이 절대적으로 필요하다고 말한다. 기업가의 성공을 결정 짓는 요소에는 나는 내 운명을 내 손으로 쥐고 있다는 확신, 낙관, 자신에 대한 믿음이 들어간다. 라이너 지텔만은 위험을 감수하려고 하는 의지가 부자가 되는 필수 요소라고 말했는데 이러한 기질은 기업가 정신과 직접적인 관련이 있다.

　시장을 선도하려면, 기업분석가이자 컨설턴트인 짐 콜린스가 말한 대로 '뻔뻔하리만큼 대담한 목표'를 가져야만 한다. 과거나 혹은 현재의 시장 환경만을 바라봐서는 안 된다. 크게 성공하려면 때로는 큰 모험을 무릅쓸 필요가 있다. 다만 이런 성향이 강해지면 변덕스럽다는 단점이 있다. 자수성가한 부자들은 단점을 강한 인내심, 통찰력, 절제력 등으로 보완한다.

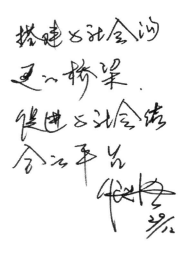

크고 바로 섰으며 마지막 부분이 열리고 시원한 글씨는 자신의 재주를 지나치게 뽐낸다는 것을 알려준다. 여기에 더하여 속도가 빨라서 빠르게 결정하고 기세가 등등하며 기운이 강하는 것을 알 수 있다. 견실하며 강인한 글씨체는 고집이 있고 용맹하며 사납고 과감하게 행하고 용감하게 책임을 진다는 것을 의미한다. 한 획으로 글자 하나를 완성하는 연면형 글씨는 사물이나 사건을 전체적으로 조망하는 능력이 있으며 의리를 중시한다는 것을 말해준다. 읽기 어려운 서명은 주목받고 싶은 심리를 보여준다.

장점도 많지만 단점도 많다. 글자 구성 부분 사이의 간격이 좁아서 장인 정신은 있지만 포용력이 약하다. 일반적인 형태에서 많이 벗어나서 기발하고 독특하며 거친 것은 세세한 계산에는 약하고 지나치게 과시적이며 독단적이고 거칠다는 것을 말해준다. 2020년 시진핑을 비판하다가 곤혹스러운 일을 당한 것은 이러한 성향과 관련이 있을 것이다.

## ● 알리코 단고테 필체 ●

'A'에서 왼쪽에 고리가 있는 필체는 성취에 대한 자신감을 말해준다. 'D'를 시작하면서 왼쪽에서부터 길게 끌고 있는 것은 강한 집중력과 통찰력을 보여준다. 알파벳 사이의 간격, 중간 영역의 작은 변화, 리듬은 직관력의 징표다. 곡선 위주의 글씨는 개방성과 포용력을 의미한다.

## 해보기나 했어?

스티브 잡스는 오만한 독재자라는 평가를 받을 만큼 독선적인 성향을 보였다. 하지만 그만큼 열정과 자신감이 충만했다. 완벽주의, 비범한 재능, 열망, 악마성, 통제에 대한 집착이 있었는데, 그 시작은 맹렬한 열정에 있었다.

그는 1984년 센트럴파크 공원 벤치에서 마케팅의 황제로 불리는 존 스컬리에게 스카우트 제의를 하면서 "설탕물이나 팔면서 남은 인생을 보내고 싶습니까? 아니면 세상을 바꿀 기회를 붙잡고 싶습니까?"라고 물었다. 그가 췌장암으로 56세의 나이에 세상을 떠났을 때 버락 오바마 대통령이 발표한 긴급 성명을 보면 그의 일생을 알 수 있다.

"스티브는 미국에서 가장 위대한 혁신가 중 한 사람이었습니다. 다른 사람과 다른 생각을 할 수 있는 용기, 세계를 변화시킬 수 있다고 믿는 대담함, 마음먹은 것을 실행할 뛰어난 능력을 갖춘 사람이었습니다. 그는 허름한 주차장에서 시작한 기업을 지구상에서 가장 성공한 회사로 키워내며 미국의 창의 정신을 보여주었습니다. 스티브는 우리 생활을 바꾸어 놓았고, 산업에서 새로운 장을 열어 인류 역사에서 보기 드문 공적을 남겼습니다. 그의 죽음으로 우리는 예지력이 뛰어난 지도자 한 사람을 잃었습니다."

항상 자신감으로 충만했던 정주영이 자주 쓴 말은 "해보기나 했어?"였다. 그가 조선소를 만들자고 했을 때 회사 내부에서도 회의론이 만만치 않았지만, 그는 차관만 해결된다면 조선소를 지어 배를 만드는 일은 어려울

## ● 스티브 잡스 필체 ●

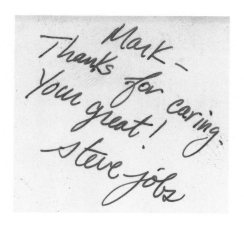

서명을 보면, 마지막이 위로 45도 올라가고 위아래로 긴 글씨는 긍정과 자신감으로 충만해 있음을 보여준다. M의 마지막이 기초선보다 내려오는 것은 완고함의 징표다. 's'에서 밑부분이 열리고 고리를 이루는 것은 집요함과 근면성을 의미한다. 이름 마지막 부분의 's'를 비틀어서 위로 올리는 것과 필획의 마지막을 흐트러뜨리지 않는 것을 보면 그가 디테일에 얼마나 강했는지 알 수 있다.

't'의 가로선이 길어서 강한 인내를 보여준다. 그는 매킨토시의 판매 부진으로 자신이 창업한 애플에서 쫓겨났지만 10여 년 만에 복귀해서 아이폰을 만들어냈다. 기초선, 크기, 기울기 등에서 변화가 많아서 행동을 예측하기 어렵고 불안한 상태였음을 알 수 있기도 하다.

'your'를 쓸 때 'y', 'o', 'u'가 떨어져 있고 리듬이 있으며 중간 영역의 적은 변화가 보여서 직관력이 있다는 것을 알 수 있다. 그는 직관적으로 디자인했고 스스로를 예술가라고 생각했다. 이러한 성향은 예술적인 성향으로 연결되어 서구의 이성적 사고의 한계에서 벗어나 '혁명'을 이루게 만들었다.

그는 인문학과 과학기술의 교차점, 반문화와 기술의 교차점에서 살았다. 'T'의 가로선과 세로선이 멀리 떨어져 있는 것은 포부가 크다는 것을 말해준다. 그는 경쟁에서 이기거나 돈을 버는 게 목표였던 적은 한 번도 없었고, 가능한 가장 위대한 일을 하는 것, 혹은 거기서 한 발자국 더 나아가는 것이 목표였다.

게 없다고 생각했다. 그까짓 철판으로 만든 큰 덩치의 탱크가 바다에 떠서 동력으로 달리는 것이 배지, 배가 별거냐는 생각이었다.

그는 불모의 땅인 울산 미포만에 세계 최대의 단일 조선소를 세계 조선소 건설 사상 최단 시일에 준공했다. 그것도 26만 톤급 배 2척을 동시에 건조시켰다. 그는 상식에 얽매인 고정 관념의 테두리 속에 갇힌 사람으로부터는 아무런 창의력도 기대할 수 없다고 말했다.

## 일곱 번째, 최고를 지향하며 세로를 길게 빼라
## : 긴 세로선 - 최고 지향

### 어느 경지까지 도달할 것인가

슈퍼리치들의 특징 중 하나가 최고의 품질을 추구하고 최선의 결과를 내려고 노력한다는 것이다. 이런 특징들은 여러 군데서 발견할 수 있다. 정주영, 이병철, 신격호, 리카싱, 리양, 마쓰시타 고노스케는 세로선이 매우긴 글씨를 쓴다. 헨리 포드의 서명에서 'd', 제프 베이조스의 마지막 글자인 's'의 마지막이 길게 늘어진다. 정주영의 글씨에서 'ㅎ'과 'ㅊ'의 윗 꼭지부분이 두드러지게 크다.

● 헨리 포드 필체 ●

'd'의 마지막 획이 길게 뻗쳐 있는데 이는 인내력이 뛰어나고 일을 매우 잘하며 강한 기세가 있음을 말해준다. 'H'와 'F'가 과장

되어 있지만 지나치지 않아서 뛰어난 전략가라는 사실을 알려준다. 그는 관습에 따라 사업을 운영한다는 것은 가당치도 않은 말이라고 했다. 그는 생산의 효율성을 높이기 위해 안간힘을 썼다. 'F'의 맨 윗 획이 매우 긴 것은 미래의 희망을 꿈꾼다는 의미다. 그의 자서전, 『나의 삶과 일』을 읽어보면 그가 얼마나 낙관적이고 자신감에 차 있었는지 알 수 있다. 그는 돈의 목적은 안락이 아니라 더 많은 기회를 실행할 기회라고 말했다. 기존 시스템과 조직의 변화를 주장한 이유는 이윤을 남기기 위해서가 아니라 기여를 하기 위해서라고 강조했다.

'y'가 위아래로 긴 것은 자신감이 센 대신에 감정적이 될 수 있다는 단점이 있다. 하지만 마지막 부분을 내려서 감정을 통제하고 있음을 알 수 있다. 그는 "나는 활동적인 삶을 중단하고 은퇴해 편안한 삶을 누리고 싶다는 욕구에 전적으로 공감할 수 있다. 나 자신은 그러한 충동을 느낀 적이 전혀 없지만 그것이 어떤 것인지는 나도 알 것 같다"라고 말할 정도로 끊임없는 성취욕을 보여주었다.

나폴레온 힐은 『성공의 법칙』에서 10명의 유명 인사들을 15가지 성공의 법칙 항목으로 평가했는데, 그중에서 1등이 헨리 포드였고 그 다음은 벤자민 프랭클린, 조지 워싱턴, 시어도어 루스벨트, 링컨 순이었다.

## ● 이병철 필체 ●

> 1. 神(하느님)의 存在를 어떻게 證明할 수 있나?
>    神은 왜 자신의 存在를 뚜렷히 들어 내 보이지 않는가?
> 2. 神은 宇宙萬物의 創造主라는데 무엇으로 證明할 수 있는가?
> 3. 生物学者들은 人間도 오랜 進化過程의 産物이라고 하는데. 神의 人間創造와 어떻게 다른가?
>    人間이나 生物도 進化의 産物 아닌가?
> 4. 언젠가 生命의 合成, 無病長壽의 時代도 可能할 것 같다. 이처럼 科學이 끝없이 發達하면 神의 存在도 否認되는 것이 아닌가?
> 5. 神은 人間을 사랑 했다면, 왜 苦痛과 不幸과 죽음을 주었는가?
> 6. 神은 왜 惡人을 만들었는가?
>    例: 히틀러나 스탈린, 또는 갖가지 凶惡犯들.

필획의 흐트러짐이 없고 세로선이 길며 획의 마지막에 힘을 주어서 항상 최고의 품질, 완벽주의를 추구했던 성향을 알 수 있다. 일반적인 슈퍼리치에 비해서는 속도가 다소 느리고 곡선 보다는 직선 위주의 필체를 보인다.

그의 글씨체는『논어』를 빼놓고는 이야기하기 어렵다. 그는 어려서부터 독서를 게을리 하지 않았고 소설에서 역사서에 이르기까지 책을 가리지 않았다. 가장 감명 깊었고 자신을 형성하는데 가장 큰 영향을 미친 책으로는『논어』를 꼽으면서 그의 생각이나 생활이 『논어』에서 벗어나지 못하고 있다고 말했다.

그의 글씨체를 보면 『논어』에서 말하는 인간상이 반영되어 있다. 널리 알려져 있듯이, 『논어』는 유가의 성전이라고 할 수 있을 정도로 오랜 시간 중국인, 더 나아가 동아시아의 사상을 지배해 온 책이다. 즉, 자신의 사고와 감정을 엄격하게 통제하는 것을 미덕으로 여기고 전통적이고 관습적인 사회규범을 중시하는 인간상이다.

게다가 그는 서예가 정하건의 지도를 받았는데, 정하건은 다섯 살 때부터 할아버지에게 중국의 전통 서예를 배운 사람이다. 필획의 끝을 꺾어서 결단력, 책임감을 보여준다. 'ㄱ', 'ㅈ' 등에서 꺾어지는 부분에 모가 난 것을 보면 분석적 사고에 능하고 결단력이 있었음을 알 수 있다. 모음을 시작하면서 비트는 것은 강한 의지의 표현이다.

1997년 제프 베이조스가 주주들에게 처음으로 보낸 편지에는 '고객에 대한 집착', '장기적인 것이 중요하다', '우리는 성공과 실패, 이 모두를 통해 항상 배울 것이다'라는 문구가 나온다. 여기에 1년 후에 쓴 편지 속 '운영의 탁월함'이 추가되면서 지금껏 이어진 아마존 조직문화의 '네 가지 원칙'이 완성되었다.

## 일류의 제품을 만들기까지

스티브 잡스는 아버지 폴 잡스로부터 캐비닛이나 울타리 같은 것을 만들 때에는 숨겨져 잘 안 보이는 뒤쪽도 잘 다듬는 것이 중요하다고 배웠다. 일을 제대로 해야 한다는 것이다. 그는 칩과 다른 부품들을 부착하고 매킨 토시 내부 깊숙한 곳에 들어갈 인쇄 회로 기판을 철저히 검사했다.

애플에서 일하던 많은 사람은 웬만큼 돈을 만지기 시작하자 이전과는 다른 삶을 살기 시작했다. 하지만 스티브 잡스는 그런 삶을 원하지 않았 다. 그건 정신 나간 짓이고 돈이 인생을 망치게 만드는 일이라고 생각했기 때문이다. 대학 시절과 인도 여행 때는 일부러 풍족함을 멀리하고 가난한 삶을 살았다. 직장에 다니는 동안에도 늘 단순하고 소박한 삶을 추구했 다. 가난한 젊은이였을 때는 그 나름대로 멋진 삶을 살았다고 말할 정도 였다.

정주영은 쌀가게 종업원으로 일할 때 자전거로 배달하다가 나동그라졌 다. 배달을 능숙하게 해내지 못한다는 것은 그에게 치명적인 단점이었다. 그는 선배 배달꾼을 졸라 자전거 쌀 배달의 기술과 요령을 배워서 내리 사 흘 동안 거의 잠도 자지 않고 배달 연습을 했다.

그는 무슨 일이든 하고 있는 일에 최선의 결과를 얻기 위해서 평생을 언제나 그 시절 자전거 쌀 배달꾼 연습 때처럼 최선의 노력을 쏟아 부으며 살았다. '요만큼'이나 '이만큼'이나 '요정도', '이 정도'는 그에게 있을 수 없 었다. 그는 '적당히'라는 적당주의로 각자 자신에게 허락된 시간을 귀중한 줄 모른 채 헛되니 낭비하는 것보다 멍청한 짓은 없다고 말했다. 그는 자

## ● 아만시오 오르테가 필체 ●

*Amancio Ortega*

'i'의 점이 줄기 부분과 가까이 있는 것은 아인슈타인에게서도 나타나는 특징으로 디테일에 강하다는 것을 알려준다. 'g'의 세로선을 길게 뻗어서 일을 잘 하고 책임감이 있다는 것을 보여준다. 크고 부드러운 필선이 특징으로 자신감, 모험심, 창의성을 알 수 있다. 'A'의 가로선을 긋기 전에 불필요한 선이 하나 더 있는데 이는 자립, 예민함, 간섭을 받는 걸 싫어함을 뜻한다.

그는 심하다 싶을 정도로 자신을 드러내지 않는데 언론의 인터뷰 요청에 응한 적이 없고 주주총회는 물론 사교 모임에도 절대 참석하지 않는다. 서명 밑에 가로선을 길게 긋는 것은 자신감이 넘친다는 의미다. 알파벳 사이가 끊어져 있고 리드미컬하며 중간 영역의 적은 변화가 있어서 직관력도 뛰어나다. 'a'의 마지막 선이 긴 것은 확고한 아이디어가 있음을 뜻한다.

신의 인생을 '더 하려야 더 할 게 없는 마지막까지의 최선'의 점철이라고
회고했다.

　신격호는 일을 시작할 때 항상 최고가 되는 것에 목표를 맞추었다. 그
가 초콜릿 사업에 뛰어들면서 당시 세계 최고 기술자였던 막스 브라크를
만났는데, 돈이 얼마나 들지는 상관없으니 최고의 초콜릿을 만들어달라
고 부탁했다. 그렇게 해서 만들어진 것이 가나 밀크초콜릿이다. 모든 제
품을 예술 작품 만들 듯 최고로 만들어 시장을 압도해야 한다는 것이 그의
신념이었다.


## 여덟 번째, 개방성과 창의력은 곡선에 달렸다
## : 부드러운 필선 - 개방성, 창의력


### 변화를 기꺼이 받아들이는 자

폴 게티, 빌 게이츠, 래리 페이지, 제프 베이조스, 일론 머스크, 필 나이트
등 슈퍼리치들은 부드러운 곡선 위주의 글씨를 쓰는 경우가 많다. 헨리 포
드, 정주영, 리카싱, 마윈의 글씨도 강하지만 경직되지는 않는다.
　곡선 위주의 글씨는 정보화 사회 이후에 탄생한 슈퍼리치들에게서 더
두드러진다. 일본의 필적학자들은 'ㅁ일ㄱ' 중에서 오른쪽 위 모서리를 각
지지 않고 둥그렇게 쓰는 것을 부자의 특징이라고 하면서 정보<sup>사람·물건·돈</sup>를
널리 도입하고 융통성이 있어서 아이디어가 있다고 분석한다. 너무 강하

## ● 빌 게이츠 필체 ●

부드러우며 오른쪽으로 올라가는 글씨는 개방적이고 낙관적이라는 사실을 알려준다. 't'의 가로선과 'i'의 점을 꽤 높게 쓰며 글자가 중간에 끊기고 'T'의 가로선과 세로선이 떨어진 것을 보면 높은 목표를 가진 몽상가다.

그의 비전은 '책상 위의 개인용 컴퓨터'가 아니라 '소아마비 박멸'이었다고 한다. 서명을 대담하게 하는 것도 같은 의미다. 그런데 'l'가 뒤로 갈수록 작아지는 것은 그가 하늘을 찌를 줄 모르는 몽상가가 아니라 현실을 면밀히 체크하고 있다는 것을 보여준다. 리드미컬한 알파벳 사이에 끊어진 곳이 종종 있고 중간 영역의 작은 변화들이 보여서 그의 뛰어난 직관력을 알 수 있다. 그는 아이디어만 풍부한 게 아니라 미래를 꿰뚫어 보는 혜안을 가진 사상가이기도 하다.

't'의 가로선이 길어서 의지가 강하고 단호한 사람임을 알 수 있다. 'T'의 열린 고리는 그가 매우 예민한 사람이라는 것을 알려준다. 단어 사이의 간격이 좁은 것은 절약하는 습성을 보여주는데, 그는 점심에 맥도날드의 치즈버거나 빅맥을 주로 먹고 독서와 일에 몰두한다. 식사에는 별 관심이 없고 독서 시간 확보에 우선순위를 두는 것이다. 어린 시절 마을에 있던 작은 도서관이 지금의 자신을 만들었다는 그는 역사책을 많이 읽는데 머릿속에 지적인 지도를 가지려면 역사를 읽어야 한다고 강조한다. 'g', 'y', 'J'에서 보듯이 세로 1/3 구역 중 아랫부분이 많이 발달해서 본능, 비밀, 섹스, 물질적인 관심이 많음을 알 수 있다.

고 고집이 세기만 하면 새로운 정보를 얻는데 지장이 있고 주위 사람들의 협력을 받아내는 데도 장애가 된다.

레이 노다는 변화를 야기하면 리더가 되고 변화를 받아들이면 생존자가 되지만 변화를 거부하면 죽음을 맞이하게 될 뿐이라고 말했다. 부자는 변화를 받아들이고 보통 사람은 변화에 저항한다. 이런 개방성은 실패했을 때도 효력을 발휘한다.

나폴레온 힐은 "실패를 겪으면 당신의 계획이 적절하지 않았다는 의미로 받아들이라. 계획을 수정하고 당신이 간절히 원하는 목표를 향해 다시 출발하면 된다"라고 말했다. 다만, 슈퍼리치들의 글씨는 마냥 부드럽지만은 않다. 필선이 힘차며 때로는 모난 부분도 발견되어 강하고 곧은 성향도 함께 가지고 있다.

## 마음을 열고 들을 준비가 되었는가

베르너 좀바르트에 따르면, 타고난 기업가는 다른 사람을 정확하게 판단하고 아이디어와 영감, 상상력이 풍부하다. 아이디어는 돈보다 더 큰 힘을

● 래리 페이지 필체 ●

부드러운 곡선 위주의 글씨는 개방적인 사고를 하고 협동성이 있음을 알려준다. 'g'의 마지막에 올라가는 것은 긍정적인 마인드의 징표다. 'L'의 시작 부분에 큰 고리가 있는 것은 관대함을 말해준다. 명확하고 읽기 쉬우며, 그 서명은 친근하고 읽기 쉬운데 이는 래리 페이지가 대중들에게 그가 누구인지 기꺼이 알아보게 한다는 것을 의미한다.

*Carlos Slim*

서명 첫 글자인 'C'처럼 글자의 크기가 매우 큰 것은 용기와 변화 욕구가 크다는 것을 말해준다. 'o'를 굳게 닫는 것은 비밀을 잘 지키고 과묵함을 의미한다. 그는 초등학교와 중학교 시절에 아주 조용했지만 약한 아이들을 괴롭히려고 하는 아이들과 맞서 싸웠다. 'S'를 길고 단순하게 쓰는 것은 상상력이 풍부함을 알려주고 'm'이 둥근 것은 정중하고 친절하다는 것을 의미한다. 'i'의 점이 약간 왼쪽으로 찍혀 있는 것은 조심스러움을 말한다.

그의 서명은 알파벳 사이가 모두 떨어져 있어서 그의 뛰어난 직관을 알 수 있다. 천재 경영자라고 불리는 그는 계산에 능하고 매우 전략적이었다. 글자 간격이 좁은 것은 근검절약하는 습관을 보여준다. 그는 30년 동안 같은 집에 살고 평범한 옷을 입고 시계나 차도 럭셔리한 명품을 사용하지 않는다.

다른 경영진과 비서를 공동으로 쓰고 보좌진도 따로 두지 않는다. 베네치아에서 넥타이를 사는데 10달러를 깎기 위해서 주인과 흥정을 벌인 일화도 있다. 그는 자신의 돈이 더 많은 돈을 벌어들일 수 있다고 생각하기 때문에 절대 허투루 돈을 낭비하지 않는다.

가지고 있다. 라이너 지텔만에 따르면, 부자들은 중산층에 비해 경험에 훨씬 더 개방적이고 창의력은 부의 열쇠다. 기술과 혁신을 포용하려면 개방성과 창의성이 필요한데 현재와 같이 무형 자산을 개발하여 부로 연결할 수 있는 사회에서는 더 중요하다. 맥스 디프리Max De Pree의 말대로 현재 모습을 고수하면서 되고자 하는 바에 도달할 수는 없다. 실패했을 때도 실수에서 배우고 다른 방법으로 시도하면 된다.

## 혁신은 개방적인 태도에서 시작된다

제프 베이조스는 강력한 추세를 재빨리 수용하지 않거나 수용할 수 없다면 외부 세계가 당신을 둘째 날로 밀어 넣을 수 있으며, 외부의 추세와 맞서는 것은 곧 미래와 맞서는 것이고 반대로 받아들이면 순풍을 탈 수 있다고 말한다. 월터 아이작슨은 제프 베이조스를 풍부한 창의력과 상상력을 갖춘 진정한 혁신가라고 평가한다.

필 나이트는 은사이자 괴짜인 빌 바우어만 코치, 사회에는 적응하지 못했지만 자기 분야에는 뛰어난 재능을 가진 괴짜들로서 스우시에 열광한 직원들과 함께 창업했다. 그 결과 나이키를 세상 모든 것을 바꾸는 브랜드이자 문화로 만들었다. 그는 방관자가 되는 것을 거부하니 '미친 생각crazy idea'을 하게 되었다고 말한다.

정주영은 1967년 소양강댐 공사를 하면서 엄청난 비용이 들어가는 철근, 시멘트를 수입하는 공사 대신 흙, 모래, 자갈을 이용한 사력댐을 제안

서명 중 평범한 글씨체가 하나도 없다. 내면의 에너지가 충만하고 열린 사고를 하는 사람이다. 남에게 지는 것을 유달리 싫어하고 태어난 흔적을 세상에 알리고 싶었던 그는 방관자가 되는 것을 거부하고 '미친 생각'을 하게 되었다고 말한다.

'Phil'의 알파벳 사이가 모두 떨어져 있고 리드미컬하게 배치되어 있는데다가 'i'의 점이 그 오른쪽에 있는 'l' 위에 찍혀 있어서 높은 직관력을 알 수 있다. 서명 마지막 부분에서 우상향하다가 다시 한번 솟구치는 형태여서 그의 결단력을 보여준다.

'돈주머니'라고 불리는 'g'의 큰 아래 고리는 물질주의, 성충동, 상상력을 의미한다. 오른쪽으로 가면서 위로 올라가는 특징은 긍정적인 사고를 말해준다. 그는 "세상 사람들이 미쳤다고 말하더라도 신경 쓰지 말자. 멈추지 않고 계속 가는 거다. 그곳에 도달할 때까지 멈추는 것을 생각하지도 말자. 그리고 그곳이 어디인지에 관해서도 깊이 생각하지 말자. 어떤 일이 닥치더라도 멈추지 말자"라고 말했다.

하고 이를 관철시켰다. 또 조선소를 만들고 선박을 건조하는 것이 통례이고 상식이었지만 처음부터 조선소 건설과 선박 건조를 병행해서 진행하여 시간을 절약했다. 미래학자 피터 드러커도 정주영의 창의력과 혁신 정신을 높게 평가했다.

『블랙 스완』을 쓴 독설가 니콜라스 탈레브는 조지 소로스에 대해 이렇게 평가했다. "소로스는 운을 다루는 방법을 알고 있었다. 그는 항상 지극히 개방적인 마음자세를 유지했으며, 조금도 거리낌 없이 자신의 견해를 바꿨다. 그는 항상 자신이 오류에 빠지기 쉽다고 인정했는데, 바로 그 이유 때문에 대단히 강력한 존재였다. 그는 포퍼를 이해했다. 그는 포퍼와 같은 인생을 살았다."

조지 소로스는 자신의 지도교수였던 칼 포퍼에 감명을 받아 그의 이론을 실천했고 그에 대해 자주 이야기했다. 소로스가 유연하고 개방적인 마음자세를 가졌다는 사실은 분명하다. 그는 자신의 철학의 핵심 아이디어를 두 가지로 설명한다. 첫 번째는 어떤 상황에 속해 있는 사람이 세상을 바라볼 때, 그 사람이 세상을 보는 관점은 항상 부분적이고 왜곡될 수밖에 없다. 두 번째는 이런 왜곡된 관점이 부적절한 행동을 낳기 때문에 그 상황에 영향을 미친다.

## 아홉 번째, 비전과 이상을 실현하려면 가로선을 높게 하라
## : 높은 가로선 - 비전, 이상

### 't'의 높은 가로선은 큰 꿈을 드러낸다

슈퍼리치들의 글씨에는 높은 이상, 높은 목표를 가지고 큰 꿈을 꾼다는 징표가 많이 발견된다. 글씨를 세로로 위 구역, 중간 구역, 아래 구역으로 삼등분했을 때 위 구역은 종교, 철학적 사고, 양심을 관장한다. 이 구역이 큰

● 앤드류 카네기 필체 ●

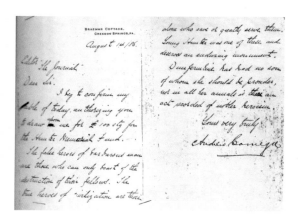

'i'의 점이 매우 높아 큰 꿈을 꾸었다는 것을 알려준다. 그는, 미래는 자신이 희망을 갖고 있느냐의 여하에 달려 있는 것이기 때문에 미래가 없다고 단정하는 사람은 어리석은 사람으로 여겼다.

오른쪽 위로 강하게 올라가는 규칙적인 글씨는 낙관적이지만 자기 절제를 잘 했고 행동 전에 사고했다는 것을 알 수 있다. 윗부분이 중간보다 커서 새로운 개념이나 아이디어가 넘쳤고 철학적 사고에 에너지를 썼음을 보여준다.

그는 성공의 가장 확실한 기초는 품질이라는 것을 잊어서는 안 되며 성공은 사소한 일이 원인이 되어 좌우된다는 진리를 믿었다. 부드러운 형태는 그의 개방성과 협동성을 알려준다. 중간 영역의 작은 차이가 계속 보이고 알파벳 사이의 끊어져 있는 부분들은 그의 직관력을 알려준다. 강한 필압을 보면 강한 의지를 알 수 있다. 여백이 별로 없고 't'의 가로선이 길고 여백이 좁은 것은 적극적이고 인내심이 강하다는 징표다. 그의 서명은 깔끔하고 다른 부분과 크기나 형태가 유사해서 성취에 대한 자부심이 강하고 솔직한 사람이라는 걸 알려준다.

그는 '네 자신의 비난만을 중시하라'는 말을 생애의 표어로 삼았다. 이는 곧 자기의 명예의 구속을 엄하게 느낀다는 것이다. 그는 선량하고 정직하게 사업을 수행하지 않고서 훌륭한 공적을 쌓아올린 회사를 본 적이 없다고 말했다. 서명의 'C'를 시작할 때 둥근 원을 그리는데, 이는 계산적이라는 것을 말해준다. 단어나 행의 간격, 여백이 좁다는 것은 절약의 특성을 보여준다. 서명 밑의 긴 선을 하나 더 그은 것은 자신을 소중하게 생각한다는 의미다.

것은 꿈과 용기, 비전, 자신감을 의미하는데 그 대표적인 인물이 존 D. 록 펠러, 조지 소로스다.

오프라 윈프리, 앤드류 카네기, 폴 게티, 워런 버핏, 수닐 미탈, 베르나 르 아르노는 'i'의 점이나 't'의 가로선이 높은 곳에 위치시킨다. 워런 버핏 은 't'의 가로선이 높고 'f', 'l'을 아래위로 길게 쓴다. 스티브 잡스, 마크 저 커버그, 스티브 잡스의 'T'는 가로선과 세로선이 떨어져 있다. 이런 특징 들은 모두 높은 이상과 목표를 가지고 큰 꿈을 꾼다는 징표다.

## 비전의 크기는 부의 크기

미국의 시인 칼 샌드버그는 "먼저 꿈이 있지 않으면 아무 일도 일어나지 않는다"라고 말했다. 위대한 것을 성취하려면 행동할 뿐 아니라 꿈을 꿔 야 한다. 인간의 뇌를 움직이게 하는 것은 바로 목표이기 때문에 목표가 없으면 의지도 생길 수 없다.

미켈란젤로는 "대다수 사람들에게 가장 위험한 일은 목표를 너무 높게 잡아 거기에 이르지 못하는 것이 아니다. 목표를 너무 낮게 잡고 달성하는 것이다"라고 말했다. 비전은 삶의 목적에 대한 분명한 그림으로써 두려움 을 이겨낸다. 아인슈타인도 지식보다 더 중요한 것은 상상력이라고 말했 다. 『드림리스트』의 저자인 짐 론의 말대로 능력은 꿈에 어울리게 성장하 기 마련이니 우선 꿈을 꾸고 능력은 나중에 키우면 된다.

비전의 크기가 곧 부의 크기다. 엄청난 부는 비전으로부터 생긴다. 역 사상 최고 부자들의 공통점인 불멸의 유산은 웅장하거나 세계적인 비전

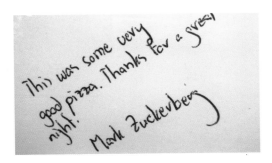

'T'의 가로선과 세로선이 떨어져 있는 것은 높은 열망이 있다는 것을 말해준다. 페이스북을 공개한 지 얼마 안 된 2006년, 야후로부터 10억 달러에 인수하겠다는 제안, 2007년 마이크로소프트로부터 150억 달러에 인수하겠다는 제안을 모두 거절했다. 그런 선택을 한 것은 세상을 연결시키고 싶다는 꿈이 있었기 때문이다.

부드러운 필선은 개방적인 사고를 한다는 것을 알 수 있다. 서명에서 'M'의 중간 부분은 기준점 이상으로 정지되어 있어 선견지명이 있고 자신의 현실을 개척할 것임을 보여준다. 세로로 매우 긴 글씨는 그의 자신감을 보여준다. 'g'를 '8'자와 같이 쓰는 것은 의사소통 능력이 뛰어나거나 문화에 대한 사랑을 의미한다.

도판에서는 두드러지지 않지만 그는 'z', 'g'를 쓰면서 아랫부분에서 유난히 큰 원을 만드는데, 이는 '돈주머니'라고 불리는 부분이다. 단어나 행의 간격이 좁고 여백이 별로 없는 글씨를 쓰는 건 절약하는 성향을 의미한다. 그는 검소한 결혼식을 치르고 신혼여행 중에 맥도날드 햄버거를 먹었다. 명품 따위에는 관심이 없을 뿐 아니라 무슨 옷을 입을까 고민하는 시간이 아까워 회색 티셔츠만 사놓고 그것만 입는다.

## ● 수닐 미탈 필체 ●

'i'의 점이 높은 것은 목표가 크고 높다는 것을 알려준다. 'S'자를 길게 쓰는 것은 풍부한 상상력의 징표다. 서명 중간에 끊어진 부분, 리듬, 중간 영역의 작은 변화는 그의 높은 직관력을 말해준다. 각이 진 부분은 의지가 굳고 논리적이라는 것을 알려준다. '속도'를 승부수로 하는 기업 '바르티 에어텔'의 창업자답게 글씨의 속도가 빠르다. 크고 활달한 글씨는 자존감이 크다는 사실을 알려준다. 서명 밑에 긴 선을 그어 자신을 스스로 자랑스럽게 여긴다는 것을 알 수 있다.

이 낳은 자연스러운 결과다. 성공의 크기는 열망에 비례한다. 새뮤얼 존슨은 우리의 열망이 우리의 가능성이라고 했다. 조직 변화와 개발, 경영 전략 부문에 큰 영향력을 행사하는 제임스 챔피는 야망 없이는 어떤 정복도 이루어지지 않고 어떤 사업도 창출되지 않고 야망이야말로 모든 업적의 근원이라고 말했다.

## 높은 열망이 큰 인물을 만든다

스티브 잡스는 스탠퍼드대학교 특강에서 "1960년대를 휩쓸던 이상주의 바람은 아직도 우리 마음속에 있습니다. 저와 같은 시대를 산 사람들 대부분의 마음속에는 그 바람이 언제까지고 사라지지 않을 겁니다"라고 말했다. 그는 경쟁에서 이기거나 돈을 버는 게 목표였던 적은 한 번도 없었다. 가능한 한 가장 위대한 일을 하는 것, 혹은 거기서 한 발자국 더 나아가는 것이 삶의 목표였다.

그런 자세가 바로 서구의 이성적 사고의 한계에서 벗어나 혁명을 원했고 가장 단순하고 직관적인 마법 도구인 아이패드를 만들어냈다. 애플의 프로그래머 브루스 혼Bruce Lawrence Horn에 따르면 스티브 잡스는 세상을 바꾸는 놀라운 컴퓨터를 만들겠다는 열정과 집념으로 똘똘 뭉친 사람이었다.

손정의는 1977년 버클리대학교 경제학부에 편입한 19살 때, '인생 50년 계획'을 세웠다. "20대에 사업을 일으키고 이름을 떨친다. 30대에 적어도 1,000억 엔의 자금을 모은다. 40대에는 일생일대의 승부를 건다. 즉, 큰 사업을 일으킨다, 50대에 사업에서 큰 성공을 이룬다. 60대에 후계자에게

Pau Hubert Guisin
Tri cadialement

Bemad Amault

'i'의 점이 높게 찍혀 있어서 높은 이상을 추구하는 것을 알 수 있다. 서명의 'B'가 세로선이 유난히 긴 것은 사업가적 기질이 뛰어남을, 서명의 마지막을 45도 올리는 것은 긍정적인 마음가짐을 의미한다. 서명 밑에 긴 가로선은 자신을 자랑스럽게 여긴다는 징표다.

'H', 'T', 'A'의 가로선이 길고 심지어 'i'의 점을 긴 선으로 처리하기도 하는데 이는 인내심이 강하다는 얘기다. 'a'의 오른쪽 위가 열려있는 것은 정중하면서도 말이 많다는 것을 말해준다. 중간 영역의 작은 변화, 알파벳 사이의 간격이 종종 보이고 있어서 직관력도 갖추고 있음을 알 수 있다. 속도가 빠른 글씨는 열정, 빠른 판단력을 뜻한다.

사업을 물려준다"라는 것이었는데 그는 50대까지 이 계획을 모두 이뤘다.

존 D. 록펠러는 깨어 있는 시간을 오로지 돈을 위해 돈을 버는 일에 헌신하는 사람을 경멸했다. 그는 부자가 되기를 목표로 시작하면 성공하지 못하고 더욱 큰 뜻을 지녀야 한다고 말했다. 그는 큰 부자가 되고 싶다는 야망은 없었고 돈벌이만을 목표로 삼은 적도 없었다. 그저 모국의 경이로운 미래를 알아차렸고, 모국을 위대한 나라로 만드는 데 참여하고 싶었으며 모국의 미래를 일구고픈 야망이 있었다고 말했다.

류촨즈는 자신을 잉어로 비유하곤 하는데 잉어는 용이 될 수 있는 물고기이기 때문이다. 그는 새로운 길을 개척함으로써 용문을 향해 뛰어오른다면 아무리 못해도 어린 용이 되겠지만, 뛰어오르지 않으면 차츰 퇴보하다가 말라 죽어버릴지도 모른다고 말했다. 류촨즈는 1989년 레노버 설립 초기에 10년 내 아홉 배 성장이라는 목표를 내세웠다. 당시 아무도 이 목표가 현실적이라고 생각하지 않았지만 결과는 목표 이상이었다.

## 열 번째, 통찰과 직관의 힘은 연면에서 나온다
## : 연면형 - 통찰력, 직관력

### 통찰력은 세상을 읽는 지도
한 획으로 하나의 글자 또는 글자의 2개 이상의 부분을 쓰는 것을 연면형

連綿型 글씨라고 한다. 류찬즈, 리카싱, 마윈, 리양, 판스이, 런즈창, 류찬즈, 리광더우, 마쓰시타 고노스케, 손정의, 케빈 시스트롬 등이 이런 글씨를 쓴다. 연면형 글씨는 사물이나 사안을 단편적으로 보지 않고 전체적으로 조망하는 능력, 즉 통찰력을 가져야 쓸 수 있다. 의리를 중시한다는 것을 의미하기도 한다.

한편, 슈퍼리치들은 알파벳이 서로 이어지지 않고 떨어져 있는 부분이 종종 발견된다. 조지 소로스, 스티브 잡스, 폴 게티, 오프라 윈프리, 아만시오 오르테가, 빌 게이츠, 필 나이트, 카를로스 슬림, 앤드류 카네기, 수닐 미탈, 알리코 단고테, 베르노 아르노 등이다. 이는 철학자 스피노자, 프로이트 등의 필체에서 발견되는 특징으로 직관력을 의미한다.


스피노자는 직관을 상상력과 오성의 범위를 뛰어넘는 최고의 지식으로 보았다. 글씨에서 직관력은 리듬, 글씨 사이의 단절, 민감한 스트로크, 중간 영역의 작은 변화 등으로 나타난다. 정주영이 포항제철 박태준 회장에게 보낸 편지를 보면 'ㄹ'을 쓸 때 윗부분은 'ㄱ', 아랫부분은 'ㄴ'처럼 쓰고 중간을 비워놓는데 같은 특징이다.

직관력, 통찰력이 뛰어난 대표적인 인물인 조지 소로스는 중요한 철학자가 되는 환상을 품고 있었다고 고백할 정도로 철학에 심취해 있었다. 그의 사상의 기초가 된 책은 칼 포퍼가 쓴『열린 사회와 그 적들』이었고 스스로 남다른 통찰력이 있다고 믿었다. 2009년 10월 자신의 고향인 헝가리에 경제 싱크탱크를 설립한 것도 경제 철학 전도사로서의 뜻을 펼치려는 의도였다. 그가 쓴『억만장자의 고백』은 투자 지침서가 아니라 더 많은 사람

## ● 조지 소로스 필체 ●

마치 스피노자나 프로이트와 같은 철학자의 글씨를 보는 듯하다. 글자가 중간에 끊어져 있고 리드미컬하게 배치되어 있으며 중간 영역의 적은 변화가 보이는 것을 보면 직관이 매우 발달했다. 하나의 획으로 여러 개의 글자를 쓰고 있어서 통찰력도 있음을 알 수 있다.

'y'를 마치 '7'처럼 쓰는데 이는 집중력이 강함을, 'b'의 끝부분을 고리처럼 만드는데 이는 상상력을 의미한다. 부드럽지만 이름 마지막을 꺾어 쓰는 것을 보면 결단력, 책임감이 뛰어나다. 'T'의 가로선과 세로선이 떨어져 있어서 큰 꿈을 가지고 있음을 알 수 있다. 이름을 다른 글자보다 크게 써서 자신의 존재감을 크게 느끼고 있으며 자기 주도적이다. 부드러운 글씨는 개방적인 마음 자세를 가지고 있음을 알려준다. 단어나 행의 간격이 좁고 여백이 별로 없다는 것은 절약하는 특성을 보여준다.

들이 좀 더 행복하게 살 수 있는 세상을 만들겠다는 일념으로 자신의 철학을 집대성한 것이다.

통찰력은 세상을 읽는 지도와 같아서 잘못되면 어떤 전략으로도 성공하기 어렵다. 직관력은 이미 그리스 철학에서도 지각을 넘어선, 그것과는 전혀 다른 직관이 우월한 인식으로써 추구되었다.

## 통찰력이나 직관력은 독서와 관련

슈퍼리치들에게 통찰력이나 직관력이 어떻게 생겨났는지 정확히 알기 어렵지만 독서와 관련이 있는 듯하다. 슈퍼리치들은 거의 예외 없이 책벌레인데다가 책을 많이 읽으면 시공간을 뛰어넘는 시선을 가지게 되어 거인의 어깨에 올라탈 수 있기 때문이다.

손정의는 미국에서 버클리대학교에 다니면서 식사를 할 때 손에서 교과서를 떼놓지 않았고 왼손으로 교과서를 들며 보다가 오른손으로 포크를 찔러 우선 찌른 것을 먹었다. 두 손에 포크와 나이프를 들고 요리를 보면서 식사를 하는 것은 그에게 사치 그 자체였다. 창업한 지 2년 만인 1983년 만성 간염으로 병원에 3년 동안 입원했을 때만 3,000권 정도의 책을 읽었다. 그에게 가장 큰 영향을 끼친 책은 시바 료타로가 쓴 장편소설 『료마가 간다』다.

저커버그는 인간 본성에 관심이 많은 정신과 의사였던 어머니 덕에 어린 시절부터 인문학적 독서에 익숙했다. 그래서 역사, 예술, 논리학, 심리학, 그리스신화 등을 탐독했다. 그는 독서를 통해 '사람은 누구나 연결되고 싶어 한다'는 인문학적 통찰을 얻어냈고 이는 페이스북이라는 사업 아이디어로 연결됐다. 그는 책을 통해 집단보다 개인의 힘이 중시되는 흐름을 읽었다고 한다.

자신을 만든 가장 큰 동력으로 독서를 꼽는 일론 머스크는 1만 권의 책을 읽었다고 한다. 그는 하루에 보통 10시간씩 책을 읽었고 주말이면 하루에 두 권도 읽었다. 초등학교 3, 4학년 때에는 이미 학교 도서관과 마을 도서관에 있는 책을 모두 다 읽었고 나중에는 브리태니커 백과사전까지 모두 읽었다. 그의 상상력과 실험정신은 독서에서 왔다.

● 폴 게티 필체 ●

리듬감이 있고 크기에 차이가 있다. 알파벳이 서로 떨어져 있어서 그의 뛰어난 직관력을 알 수 있다. 또 글씨가 커서 자신감이 충만했음을 말해준다. 1930년대 대공황 당시 모든 사람들이 주식을 투매할 때 반대로 주식을 사모아 큰 부자가 되었다. 또 주위의 파산 경고를 무릅쓰고 중동 개척이라는 모험을 결행했다. 이런 통찰력과 자신감은 결국 대중을 따르지 않고 소수의 편에 설 수 있게 했다. 그는 균질화된 인간이나 체제 순응자가 되지 말고 자기 안의 목소리를 따라야 한다고 강조했다.

글씨의 속도가 매우 빠르다. 그는 사업가는 일의 템포를 늦출 이유도, 권한을 위탁시킬 여유도 없다고 했다. 't'의 가로선이 길어서 인내심이 많다는 것을 알려주는데 그는 스스로 옳다고 확신하는 바는 미쳤다는 소리를 듣더라도 끝까지 밀어붙였다. 단어나 행의 간격이 좁고 여백이 별로 없는 글씨는 절약하는 성향을 의미한다. 그는 절약 정신을 성공적인 사업의 필수 조건이라고 믿었고 스크루지라는 별명을 가지고 있었다.

부드러운 필선은 개방성, 창의성을 의미하며 그는 급격한 변화의 시기에 경험은 최악의 적이 될 수 있다고 말했다. 'i'의 점이나 't'의 가로선이 높아서 높은 이상을 추구했음을 알 수 있다. 그는 아버지로부터 진정한 사업가라면 이익을 최우선으로 생각하지 않는다고 배웠다. 글씨체로 보아 그는 이상, 현실, 본능 모두에 대해 큰 관심을 가진 특이한 인물이다. 서명이 다른 부분보다 크지 않아서 과시욕이 강하지 않았음을 알 수 있다.

장점만큼이나 단점도 많다. 기초선이나 크기 등의 변화가 지나치고 다른 행을 종종 침범하는 것으로 보아 감정의 기복이 심해 다른 사람들과 불편한 관계를 가졌을 것이다. 우하향의 특징이 종종 보이는데 이는 우울증이 있었다는 징표다. 그가 1910년 아버지에게 보낸 편지 등으로 보아 원래 우상향의 글씨를 가지고 있었다. 그러나 네 차례의 이혼을 겪었고 갑작스럽게 사망한 그의 아버지가 그에게 적은 유산을 남겨 큰 충격을 받았다. 이런 상황에서 주가 폭락으로 절망적인 상태에 있던 1930년대 초반에 우울증 증세가 생긴 것으로 보인다.

그는 다섯 번 결혼을 했지만 어느 여성과도 진정한 사랑을 나누지 못했고, 사랑하는 아들을 잃었다. 배다른 아들들의 탈선과 반목이 계속되었고, 납치되었다가 귀가 잘려 돌아온 손자는 마약과 알코올 중독에 빠졌다. 만년에는 암살의 공포에 떨면서 세상을 등지고 은둔 생활을 하는 등 가장 불행한 사람 가운데 하나였다. 스스로 말했듯이 행복은 결코 돈만으로는 살 수 없다.

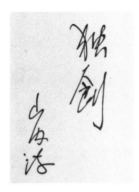

'創<sup>비롯할 창</sup>'자의 마지막을 길게 뻗은 다음 꺾어서 썼는데 이는 최선의 결과를 내려고 노력하고 결단력, 책임감도 갖추고 있음을 알수 있다. 획이 따로 떨어져 있지 않고 모두 이어져 있는데 이런연면형 글씨를 쓰는 사람은 사물이나 사건을 전체적으로 조망하고 인과관계를 보는 능력이 있고 의리를 중시한다. 그는 오로지게임 엔터테인먼트 하나에만 매달려서 마침내 크게 성공했다.

## 패러다임 시프트의 방향성을 읽는 능력

빌 게이츠는 아이디어만 풍부한 게 아니라 미래를 꿰뚫어 보는 혜안을 가진 사상가다. 그는 자본주의가 새로운 세기의 중대한 사회적 이슈에 좀더 효과적으로 기여해야 한다고 주장했다. 그가 주장한 자본주의는 '창조적 자본주의'다. 리카싱은 창고 임대료 문제로 고통을 받다가 학교 교실 168개 정도를 모아 놓은 크기의 공장형 건물을 세워 큰 성공을 거두었다. 1959년 홍콩 경제가 극심한 침체에 빠졌을 때와 1967년 영국에 반대하는 폭동이 일어났을 때 그의 부동산 가격은 폭락했지만 그는 반대로 부동산을 추가 매수했고 경제난이 끝날 무렵 홍콩 제1의 부자가 되었다. 그의 통찰력과 직관이 빛을 발한 것이다.

● 류찬즈 필체 ●

2008. 6. 16.

연면형 글씨는 통찰력, 종합적 사고, 의리 중시 등을 의미한다. 빠른 글씨는 열정과 명석한 판단력, 부드러운 필선은 아이디어와 개방성의 징표다.

류찬즈는 흐름을 타고 나아가야 한다고 강조하면서 "기회의 문이

열리면 재빨리 한 발을 내딛으라"라고 말했다. 가로선이 긴 것은 인내력의 징표인데 그는 일개 경영자는 거대한 환경을 바꿀 수 없으며 바꿀 수 없을 때는 인내해야 한다고 말했다. 환경에 적응해서 일단 살아남은 다음 때를 기다렸다가 다시 시도하는 게 좋으니 참고 또 참으며 기회가 오기를 기다려야 한다는 것이다.

필획이 맑고 깨끗하며 글자 사이의 간격이 충분하고 결구는 간결하고 평온하다. 민첩하고 기상이 맑고 인격이 고결한 사람이다. 글자가 수평을 이루는 경우가 많고 질서를 이룬다. 이는 강하고 부드러운 두 가지 수단을 서로 보충하여 사용하며 냉정하고 이성적이라는 것을 알 수 있다. 글자의 구성 부분 사이의 간격이 넓어서 포용력이 있다. 게다가 서명이 소박하고 다른 부분과 크기에 변화가 없어서 겸손하다는 사실을 알 수 있다. 그의 겸손함은 중국의 많은 사업가들과 기자들로부터 인정받는다. 그는 덕과 실력을 겸비하면 가장 좋지만 둘 중 하나를 꼽으라면 덕이 우선이고, 겸손은 사람을 진보하게 하고 자만은 사람을 낙후시킨다고 말했다.

글자의 세로 1/3 중 윗부분이 발달했는데 비전을 가진 기업가였다는 사실을 알 수 있다. 그는 가슴에 천리를 품으라고 강조했는데, 웅대한 뜻을 품으면 이것이 당신을 데리고 갈 것이라고 말했다. 레노버에 대한 그의 비전은 '백년 기업, 글로벌 기업, 하이테

크 기업'으로 요약된다. 세로선이 매우 길어서 최고의 품질에 대
한 집착이 강했음을 알 수 있다.

손정의는 "전 결코 세상을 바꿀 대단한 발명을 하지는 않았습니다. 하
지만 보통 사람보다 나은 특별한 능력이 단 하나 있습니다. 그것은 패러다
임 시프트의 방향성과 그 시기를 읽는 능력입니다"라고 말했다. 그는 스
티브 잡스와 만나 대화를 하다가 애플이 모바일 기계를 만들어 세계를 바
꾸어 놓을 것을 감지했다. 작고 뛰어난 기계를 만들려면 저소비 전력 기술
이 필요하다고 생각하고 영국의 반도체 설계회사 암ARM을 3조 3,000억 엔
이라는 거대한 돈을 들여 인수했다. 암은 사물인터넷IoT 시대에 없어서는
안 될 기업이다. 그는 회사 인수 후 기자회견에서 "바둑으로 치면 50수 앞
을 내다보고 돌을 둔 것"이라고 말했다.

어떤가? 당신도 글씨체를 바꿔야겠다는 생각이 들지 않는가? 이처럼 쉬
우면서도 확실하게 부자의 길에 접어들 수 있는 방법은 없다. 이제 다음
장에서는 부와 운을 끌어당기는 최상위 부자의 10가지 필체를 가지고 체
계적으로 연습해보자.

# 연습,
# 부자로 가는 길

# 필체를 바꾸면
# 부자가 된다

## 부자가 되려면 부자의 정체성을 가져라

이 책은 기존에 나온 글씨 연습 책들과는 다른 관점을 가지고 있다. 수천 년 동안 글씨 연습의 목적에는 크게 두 가지가 있었다. 하나는 의사소통의 수단이고 다른 하나는 인격수양, 즉 내면을 바꾸는 수단이다.

기존의 책들은 보기 좋은 글씨를 제시하여 의사소통에 중점이 있다면, 이 책은 내면을 바꾸는 데 중점을 둔다. 이 책에서는 보다 나은 삶을 살기 위한 방법으로 글씨 연습을 제시한다. 물론 이 글씨체는 보기에도 좋다. 기존의 책들로 연습해도 좋은 품성, 즉 예측이 가능하고 단정한 사람이 될 수 있다. 하지만 창의력, 절약, 비전, 결단력, 통찰력 등의 부자 성향을 가지기는 어려울 것이다.

우리 조상들도 수천 년 전부터 글씨를 내면을 바꾸는 수단으로 삼아왔다. 그런데 언제부터인지 내면을 바꾸는 수단에서 멀어지고 예술의 한 분야로 남았다. 그렇게 된 데는 크게 두 가지 이유가 있다.

첫째, 19세기 이후 서구 세력의 침투로 동아시아에서 중국의 위상이 흔들리며 중국의 영향권으로부터 벗어나기 시작했다. 이때 함께 들어온 서구의 민족주의 사상에 영향을 받아 탈중국화가 급속히 진행됐다. 그러면서 중국 전통의 이상적인 인간상을 모델로 하는 한자 글씨 연습이 힘을 잃었다.

둘째, 글씨 연습을 그 이전의 '서도書道'라는 이름 대신 '서예書藝'라고 부르고 글씨를 단지 시각 예술로 이해한 것이다. '서예'라는 용어는 소전 손재형에 의해 널리 쓰이기 시작했다. 진도의 갑부 출신에 감식안과 서예 실력을 갖추었고 국회의원까지 한 손재형은 대한민국의 서단에 큰 영향을 미쳤다.

하지만 글씨 연습은 중국에서만 한 것도 아니고 내면을 바꾸는데 이만한 방법이 없다. 하루속히 글씨 연습을 되살려야 한다. 다만, 중국의 이상적인 인간상을 모델로 하는 '한자' 글씨체가 아니라, 21세기 대한민국에서 필요한 인간상을 모델로 하는 '한글' 글씨체 연습을 해야 한다. 이 책을 쓴 목적이 바로 여기에 있다.

제임스 클리어는 『아주 작은 습관의 힘』에서 행동이 변하려면 결과나 과정이 바뀌는 것으로는 부족하고 정체성이 바뀌어야 한다고 강조한다. 즉, 당신이 부자가 되려면 부자의 정체성을 가져야 한다. 정체성을 바꾼다는 것은 곧 당신의 성향을 지배하는 뇌를 바꾸는 것이다. 4만여 년에 걸쳐 축적된 뇌의 비밀 앞에서는 인간의 의지, 재능, 노력 등은 너무나 무기력하다. 뇌에는 행동에 관한 특정 법칙이 탑재되어 있다.


## 글씨와 뇌는 상호작용한다

그런데 어떻게 하면 뇌를 바꿀 수 있을까? 글씨는 뇌의 흔적이고 반대로 글씨체를 바꾸면 뇌가 변한다. 글씨와 뇌는 상호작용한다. 이는 피아노 연습이 뇌에 영향을 미치는 것과 같다. 필체를 바꿔서 사람의 내면을 바꾸는 방법은 역사적으로 충분히 검증되었다.

동양에서 글씨 쓰기를 지식인의 덕목으로 삼은 것은 수천 년의 역사를 가지고 있다. 우리 조상들에게 글씨는 의사소통의 수단이기도 했지만 궁극적으로 인격 수양의 방편이었고 또 그 결과였다. 그런데 '인격'이란 무엇일까? 인간에서 비교적 일관되게 나타나는 성격 및 경향과 그에 따른 독자적인 행동 경향을 말한다. 인격 수양이란 곧 내면을 바람직한 방향으로 바꾼다는 뜻이다.


서양의 필적학자들은 필적요법 Grapho-Therapy을 활용한 심리치료를 실험해 왔다. 개인의 글씨체를 바꾸는 훈련으로 성격이나 내면의 문제를 치유하는 심리요법으로 필적학과 심리학 두 가지를 활용한다.

필적요법은 1908년 파리의학연구소의 심리학자인 애드가 베릴론 Edgar Bérillon이 처음 도입했다. 1929년부터 1931년까지 프랑스의 피에르 자네 박사,

샤를르 앙리<sup>Charles Henry</sup> 교수가 소르본대학에서 필적요법 적용을 실험했다.

자네 박사의 이론은 칼 융과 프로이트의 이론과 관련이 있다. 여러 임상 실험을 통해 필적학이 심리치료 수단의 하나로 인정받고 있다. 필적요법은 특히 문제아 등 어린이들의 집중력 향상과 인성 개발에 큰 효과가 있다. 어린이들은 아직 인성이 확립되지 않았기 때문이다.

프랑스의 많은 필적학자들은 알코올중독자 등을 상대로 필적 교정을 해서 큰 효과를 보았다는 사례들을 소개하고 있다. 미국, 일본 등에서는 '글씨를 바꿔서 성공하기'와 같은 실용 지침서들이 꽤 나와 있고 성공 사례들이 수없이 많이 보고되었다.


국내에도 글씨 연습이 내면을 바꾼다는 연구 결과가 많다. 김완태의 논문「서예 교육이 중학교 학생의 감성 지능에 미치는 영향」(2003)을 보면 중학교 1학년생 24명을 대상으로 5개월에 걸쳐 서예 교육을 하였더니 자기동기부여, 자기감성관리에서 두드러지는 효과가 있었다.

권은경은「서예학습과 아동 주의집중력의 상관관계 연구」(2008)에서 초등학교 3년생 48명을 대상으로 한 10주의 서예 교육으로 주의 집중력, 선택적 주의력, 자기통제력, 지속적 주의력이 향상되었다고 한다.

그런데 이러한 논문들에서도 알 수 있듯이 필체를 바꾼다고 무조건 모든 성향이 좋아지는 것은 아니다. 이들 논문에서는 주로 판본체를 따라 쓴 결과를 분석하였는데 선택적 주의력, 자기통제력, 지속적 주의력, 전체주의 주의력에는 도움이 되었지만 창의성, 활동성, 사회 자아에는 도움이 안 되었다.

그 동안의 연구나 치료는 단순히 높은 인격, 좋은 태도, 심리치료라는 다소 막연한 목표를 가져서 필체를 바꾸면 태도나 성격이 좋아진다는 정도에 불과하다는 한계가 있다. 이처럼 모호하고 개략적인 목표 말고 좀 더 구체적인 지표를 상정하려는 시도는 없었다.

나는 삶에 직접 도움이 되는 글씨 연습 방법을 찾아 나섰고 결국 해법을 찾았다. 필체를 바꾸면 바꾼 필체가 의미하는 성향으로 내면이 바뀐다는 사실을 알아낸 것이다. 그래서 직접 실험에 나섰다. 우울증을 가진 사람들에게 오른쪽으로 올라가는 글씨를 쓸 것을 권하고, 인내심을 가지려면 가로선을 길게 쓰라고 했더니 실제로 효과가 있다는 반응이 많았다.

이즈미 마사토는 『부자의 그릇』에서 돈이란 개인의 사고와 행동의 결과가 그대로 드러난 산물이고 당연히 우리의 사고방식에도 크게 영향을 미친다고 말한다. 인생은 인과관계다. 오늘은 어제의 결과이고 내일의 원인이다. 그 원인은 우리의 무의식이 형성한 매일의 행동에서 나온다. 따라서 우리 무의식의 행동 원인이라고 할 수 있는 성격을 바람직한 방향으로 바꾸면 내일이 바뀌고 결국 인생이 바뀌는 것이다.

글씨를 바꾸면 뇌가 바뀌고, 뇌가 바뀌면 성향이 바뀌고, 성향이 바뀌면 행동이 바뀌며, 행동이 바뀌면 부자가 될 수 있다. 이 책에서는 부자들의 글씨를 분석하고 그 필체의 공통점을 분석하여 조합한 글씨체를 제시한다. 이 책을 따라 글씨 연습을 하면 우선 인내심, 절약 정신, 책임감, 긍정적 사고 등 부자의 성향을 가지게 된다. 부자의 성향을 가지게 되면 결국 부자가 될 수밖에 없다.

## 부자 글씨의 최고 롤모델

글씨체를 바꾸는 방법에는 크게 두 가지가 있다. 첫 번째는 자신이 모델로 삼는 사람의 글씨를 그대로 따라 쓰는 방법이다. 예를 들어 정주영 현대그룹 창업주, 이병철 삼성그룹 창업주가 쓴 글씨를 구해서 따라 쓰면 된다. 요즘은 인터넷에 '○○○ 친필', '○○○ 글씨', '○○○ 사인', 외국인의 경우에는 '□□ handwriting', '△△ signed'이라는 검색어로 검색하면 대부분 찾을 수 있다.

모델로 삼는 사람이 있을 경우에 선택하기 좋은 방법이다. 장점으로는 모델로 하는 인물의 내면을 닮을 수 있다. 단점으로는 모델이 된 인물이 내가 닮고 싶지 않은 약점도 가질 수 있다. 한글 글씨체는 많지 않고, 찾는다고 해도 쓰고 싶은 내용을 찾기 어렵다는 단점도 있다. 한민족 역사에서 지식인들이 한글을 전용한 것이 1960~1970년대 이후인데 불과 30년 만에 손글씨가 사라졌기 때문이다.

자수성가한 부자 중에서 한글 글씨체의 모델을 추천하라고 하면 단연 정주영 회장이다. 그는 세계의 슈퍼리치들의 특징을 골고루 가지고 있을 뿐 아니라 그 중에서도 단연 돋보이는 인물이다. 만일 정주영이 대한민국이 아닌 미국이나 중국에서 태어났더라면 훨씬 더 큰 부자가 되었을 것이다. 정주영이라는 걸출한 인물이 대한민국에서 태어났고 한글 글씨체를 남긴 것은 한국인에게 큰 행운이다.

두 번째는 자신의 목표 달성, 또는 과제 해결에 이어지는 필적 특징을 개별적으로 바꾸는 방법이다. 예를 들어 긍정적 사고를 하려면 우상향의 글씨를 쓰고, 인내심을 키우려면 가로선을 길게 쓰는 것이다. 이 방법의 장점으로는 자신의 정체성을 그대로 간직하면서 단점을 보완할 수 있다는 점이다. 단점으로는 바꾼 글씨체가 나머지 부분과 조화를 이루지 못할 수 있다.

이 책에서는 세계의 슈퍼리치들의 글씨체의 장점을 조합하고 단점을 보완해서 부자가 되는 글씨체를 제시한다. 글씨체 개선을 할 때는 여러 가지 글자를 연습하는 것이 바람직하지만 최소한 자신의 이름만이라도 쓰기 연습하기를 추천한다. 우리가 쓰는 문자 중에서 가장 빈도가 높은 것이 자신의 이름이고 가장 마음을 담고 쓸 것도 자신의 이름이기 때문이다.

## 어떻게 얼마나 연습할 것인가

내 경험과 필적학자들의 주장을 종합하면 연습 방법과 기간은 다음과 같다.

### ・매일 연습해라.

자투리 시간이 날 때마다 글씨 연습을 해라. 가급적 매일, 하루에 20분 이상 연습하면 효과가 극대화된다.

### ・평소에 쓰는 필기구를 이용해라.

글씨 연습은 꼭 붓으로 하는 것은 아니다. 평소에 쓰는 볼펜, 만년필, 연필을 사용하면 된다. 그중 마음에 드는 필기구를 선택하라.

**• 처음에는 눈금이 있는 종이를 이용하라.**

이 책에서 제시하는 대로 눈금이 있는 종이로 시작하고 어느 정도 틀이 잡히면 아무 종이나 이용해도 좋다. 대신 부자들의 글씨는 대체로 위아래로 긴 형태여서 이 책에 배치된 모눈종이가 다른 책의 모눈종이들과는 다르다는 점을 인지하라.

**• 부자 또는 성공과 관련된 내용을 써라.**

글씨 연습에 특정한 내용을 써야 하는 것은 아니고 자신이 좋아하는 내용을 쓰면 된다. 다만, 부자 또는 성공과 관련된 내용을 쓰면 더 좋을 것이다. 이 책에서는 부자가 되는데 도움이 될 만한 단어나 문장을 제시한다.

**• 하루도 빠짐없이 40일 이상 연습하라.**

일반적으로 6주, 40일 정도가 변화의 숫자라고 이야기한다. 그 정도의 기간이면 변화가 분명히 생길 것이다. 하지만 이것이 꼭 어떤 기준은 아니다. 자신의 글씨와 완전히 다르게, 즉 자신의 성향과 정반대로 바꾸려면 그것보다 더 오래 걸린다. 프랑스의 한 필적학자는 글씨체를 바꾸는데 최소 2개월, 최대 6개월이 걸린다고 주장한다.

**• 자신의 이름은 꼭 연습하라.**

개인적인 특징이 가장 잘 드러나는 것이 이름이다. 우리가 쓰는 글자 중에서 가장 빈도가 높은 것이 자신의 이름이고 가장 마음을 담고 쓸 것도 자신의 이름이기 때문이다. 문서의 진위를 구별할 때 서명을 가장 눈여겨보는 이유는 특징이 잘 드러나기 때문이다. 필체 개선을 시작할 때에는 먼저 자신의 이름으로 연습하기를 추천한다. 다른 글씨를 쓸 여유가 없더라도 이름만은 꼭 연습해야 한다.

**· 처음에는 천천히 쓰고 익숙해지면 속도를 높여라.**

빨리 쓰면 평소의 습관이 나오기 쉽다. 천천히 써야 글씨가 바뀐다. 바뀐 글씨체가 익숙해지면 그때는 빨리 쓸 수 있을 것이다. 더구나 부자의 글씨체의 특징 중 하나가 빠른 속도여서 빨리 쓸 수 있도록 노력해야 한다.

**· 특별히 신경 쓰지 않아도 원하는 글씨가 나온다면 변화가 이루어진 것이다.**

무의식적으로 썼을 때 나오는 글씨체가 자신의 진짜 글씨체다. 그렇게 될 때까지 쓰고 또 써야 한다.

**· 습관에 지배되지 말고 습관을 지배하라.**

사람의 모든 습성은 다시 옛 상태로 돌아가는 속성이 있어서 때로는 옛 습관이 나올 수 있다. 하지만 실망하지 말고 자꾸 되풀이하면 정말 습관이 된다. 습관은 성공과 실패를 가르는 중요한 요소라는 걸 잊지 마라.

# 단단하고 곧게 뻗은
# 글씨가 기본이다

## 선과 도형 그리기

단단하고 곧게 뻗은 필선은 삶에 대해 긍정적인 태도를 의미한다. 이렇게 쓰면 내면의 에너지가 강해진다. 또, 필선이 깔끔하고 깨끗한 사람은 마음가짐도 맑고 깨끗해서 성공할 가능성이 높다. 따라서 단단하고 곧게 뻗고 깔끔한 글씨체를 연습해야 한다. 이것이 글씨체 개선의 기본이다.

## 가로선

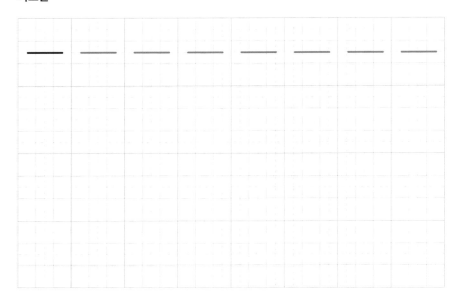

## 세로선

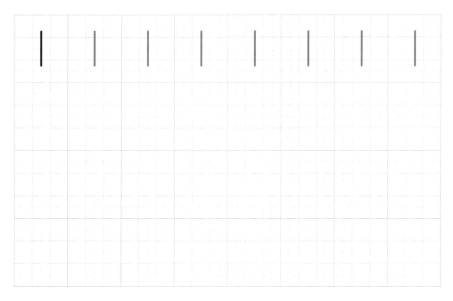

## 곡선

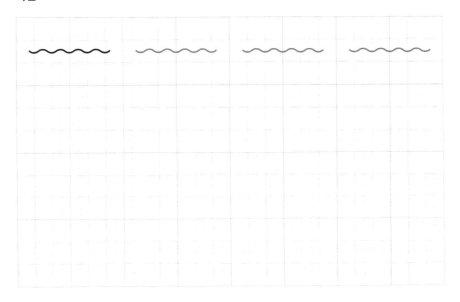

## 사선

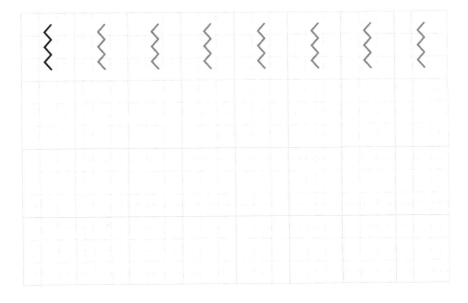

## 사각형

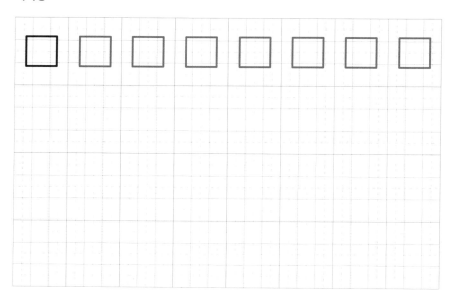

## 삼각형

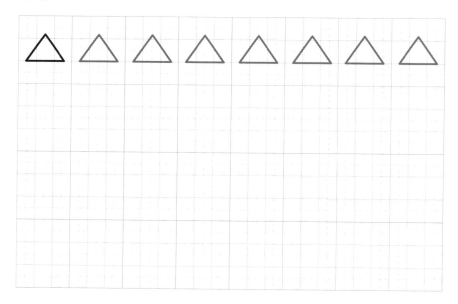

**다이아몬드**

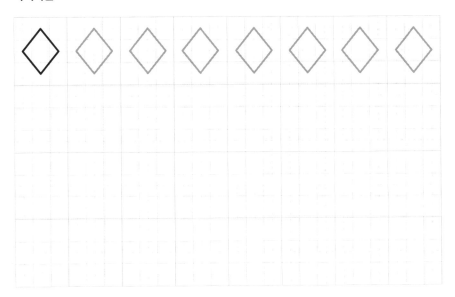

**오각형**

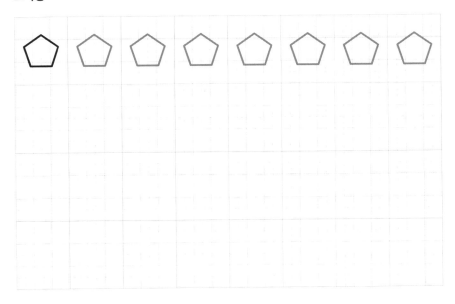

원

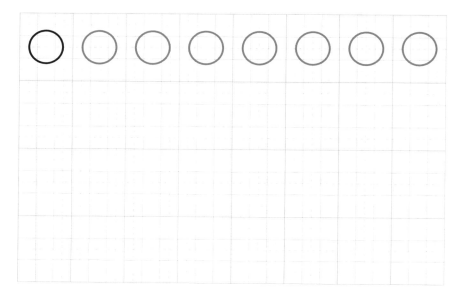

# 한글 필수 40자 쓰기

## 자음 19자 쓰기

ㄱ : 가로선을 길게 한다. 꺾이는 부분을 모나지 않게 쓴다.

ㄲ : 왼쪽 ㄱ보다 오른쪽 ㄱ을 크게 쓴다.

ㄴ : 가로선을 길게 쓴다. 꺾이는 부분을 모나지 않게 쓴다.

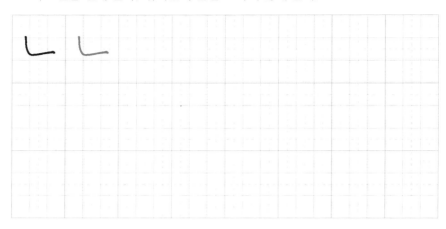

ㄷ : 마지막 가로선을 오른쪽으로 올라가게 쓴다.

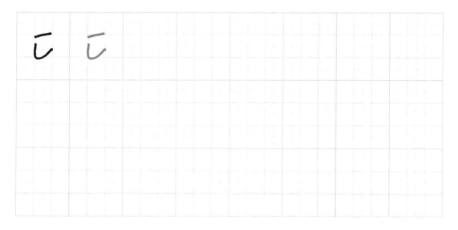

ㄸ : 왼쪽 ㄷ보다 오른쪽 ㄷ을 크게 쓴다.

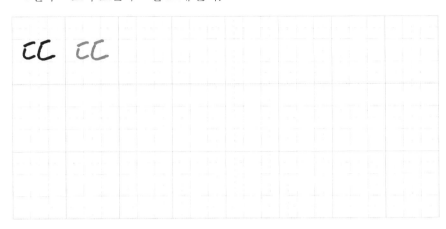

ㄹ : 가로선, 특히 마지막 가로선을 길게 쓴다. 빠르게 쓸 때에는 중간에 끊어지는 부분이 있어도 좋다.

ㅁ : 오른쪽 위 모서리는 각이 지지 않게 하고 오른쪽 아래 모서리는 굳게 닫는다. 첫 번째 가로선보다 두 번째 가로선이 많이 작아지지 않도록 유의한다. 크게 쓰는 것이 좋고 받침일 때는 더 그렇다.

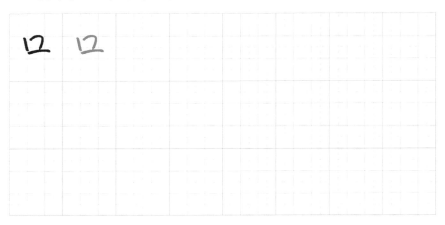

ㅂ : 첫 번째 세로선보다 두 번째 세로선을 길게 쓴다. 첫 번째 가로선을 양쪽 세로선에 닿게 할 필요는 없다.

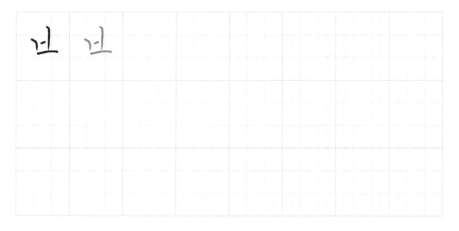

ㅃ : 왼쪽 ㅂ보다 오른쪽 ㅂ을 크게 쓴다.

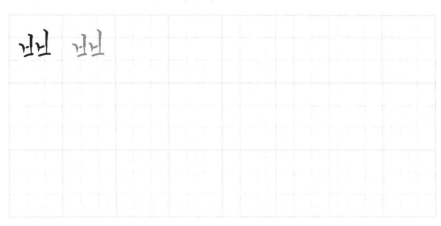

ㅅ : 선을 곧게 뻗는다. 마지막 획을 얼버무리지 말고 끝까지 뻗는다.

ㅆ : 왼쪽 ㅅ보다 오른쪽 ㅅ을 크게 쓴다.

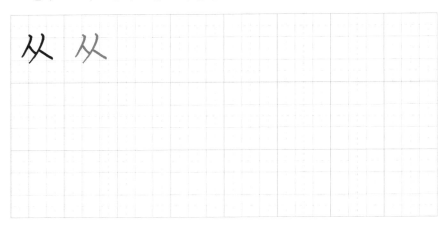

ㅇ : 동그라미에 빈틈이 없도록 굳게 닫는다. 크게 쓰는 것이 좋고 받침일 때는
더 그렇다.

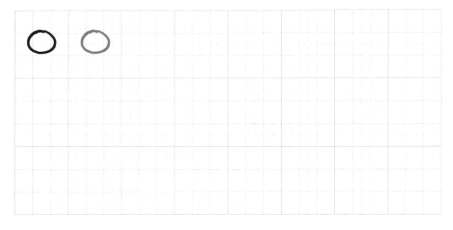

ㅈ : 가로선을 길게 쓰고 꺾어지는 부분을 모나게 쓴다. 마지막 획을 얼버무리지 말고 끝까지 뻗는다.

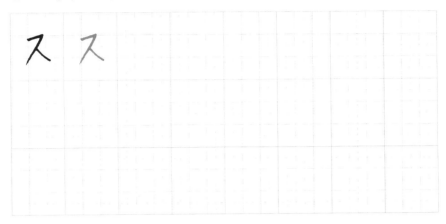

ㅉ : 왼쪽 ㅈ보다 오른쪽 ㅈ을 크게 쓴다.

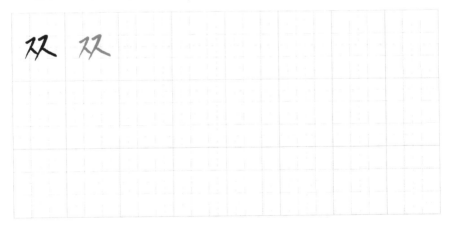

**ㅊ** : 꼭지를 길게, 꺾어지는 부분을 모나게 쓴다.

**ㅋ** : 가로선을 길게 쓴다.

**ㅌ** : 특히 마지막 획을 우상향으로 쓴다.

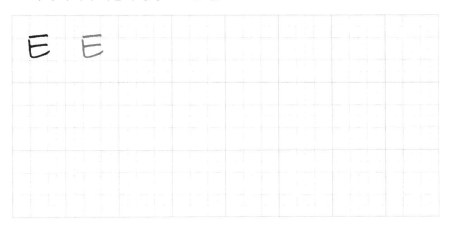

**ㅍ** : 가로선을 우상향으로 쓴다.

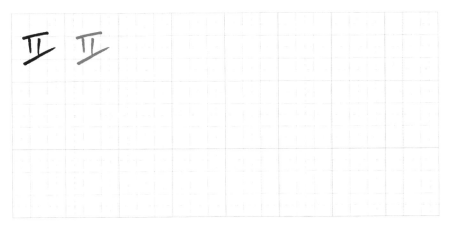

ㅎ : 꼭지와 가로선을 길게 쓰고 'ㅇ'을 위에 붙여 쓴다.

## 모음 21자 쓰기

ㅏ : 비틀어서 시작한다. 가로선, 세로선을 모두 길게 쓴다.

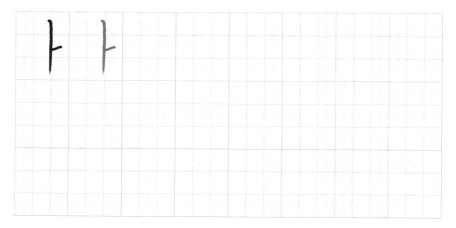

ㅐ : 세로선을 비틀어서 시작하고 길게 쓴다. 가로선을 두 세로선의 중간보다 조금 높게 위치시킨다.

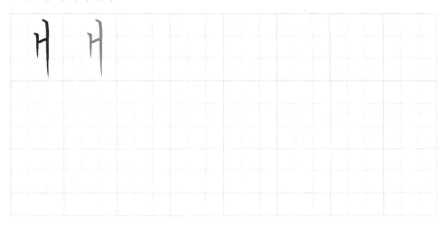

ㅑ : 가로선을 길게 쓰되 두 개의 가로선은 같은 길이로 한다.

ㅐ : 세로선을 비틀어서 시작하고 길게 쓴다. 두 개의 가로선의 중간을 전체의 중간보다 조금 높게 쓴다.

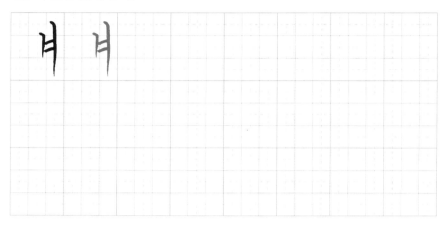

ㅓ : 가로선을 중간보다 조금 높게 위치시킨다. 세로선은 물론, 가로선을 길게 쓴다.

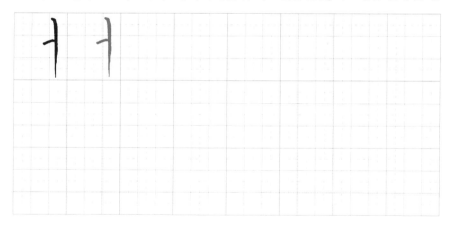

ㅔ : 가로선을 길게, 두 번째 세로선을 길게 쓴다. 가로선은 중간보다 조금 높게 쓴다.

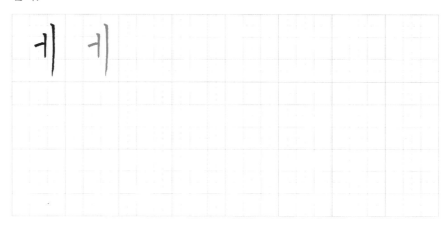

ㅕ : 두 개의 가로선의 중간을 전체의 중간보다 조금 높게 쓴다.

ㅖ : 두 개의 가로선의 중간을 전체의 중간보다 조금 높게 쓴다.

ㅗ : 세로선을 길게 한다. 가로선도 길게 쓰고 마지막 부분을 꺾는다.

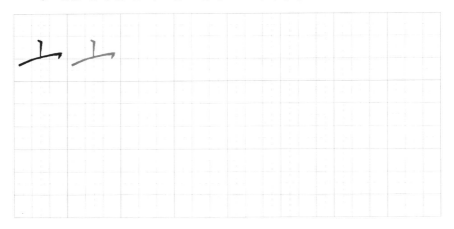

ㅘ : 마지막 가로선을 중간보다 조금 높게 쓴다.

ㅙ : 마지막 획을 길게 쓴다.

ㅚ : 가로선을 우상향하게 쓴다.

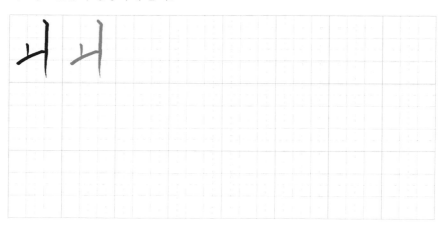

ㅛ : 가로선의 마지막 부분을 꺾는다.

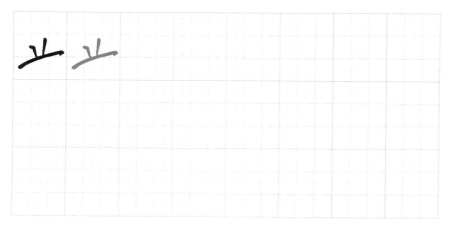

ㅜ : 가로선의 마지막 부분을 꺾고 세로선을 길게 쓴다.

ㅕ : 첫 번째 가로선을 우상향으로 쓴다.

ㅖ : 마지막 세로선을 길게 쓴다.

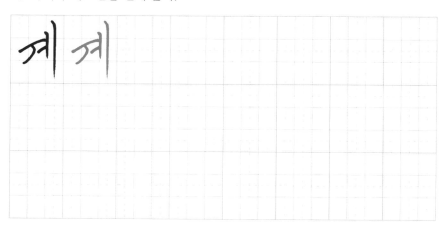

ㅟ : 왼쪽 세로획은 왼쪽을 향하게 쓴다.

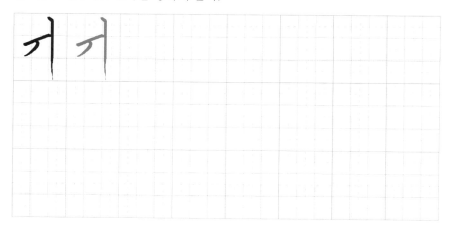

ㅠ : 왼쪽 세로획은 왼쪽을 향하고 오른쪽 세로획은 바로 내리긋는다.

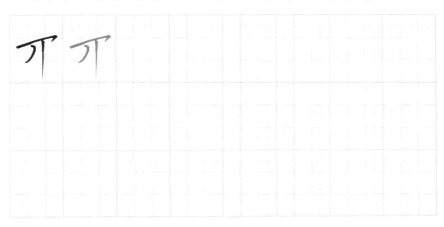

— : 마지막 부분을 꺾는다.

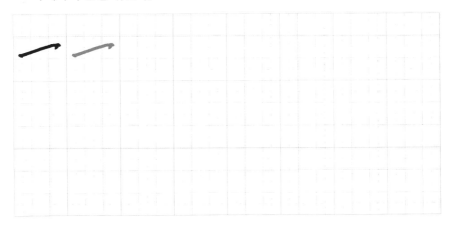

ㅓ : 세로선을 길게 쓴다.

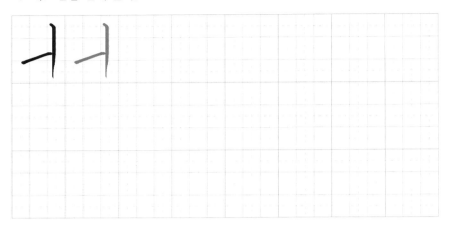

ㅣ : 길게 쓴다. 마지막 부분을 꺾어 써도 좋다.

# 의식적으로
# 부자의 글씨를 연습하라

## 부자의 단어 쓰기

글자 사이의 간격은 글자의 가로 크기의 1/3 정도를 유지하고 너무 붙여 쓰거나 떨어져 있지 않도록 한다. 글자 크기 등에 어느 정도 일관성이 있어야 하지만 너무 똑같이 쓰려고 노력할 필요는 없다. 숙련이 되면 오히려 어느 정도의 변화가 있는 것이 더 좋다.

인내 인내

끈기 끈기

긍정 긍정

속도 속도

활력 활력

결단 결단

절약 절약

완성 완성

열정　열정

용기　용기

욕망　욕망

목표　목표

통찰 통찰

존중 존중

진심 진심

기회 기회

품격 품격

신용 신용

신뢰 신뢰

개방성 개방성

창의력 창의력

자신감 자신감

융통성 융통성

실행력 실행력

삶의 태도

삶의 태도

경제적 자유

경제적 자유

## 부자의 짧은 문장 쓰기

글자 사이에는 글자의 가로 크기의 1/3 정도를 유지하고 너무 붙여 쓰거나 떨어져 있지 않도록 한다. 단어와 단어 사이, 행과 행 사이는 작은 여유가 있는 정도가 좋다. 글자 크기 등에 어느 정도 일관성이 있어야 하지만 너무 똑같이 쓰려고 노력할 필요는 없다. 숙련이 되면 오히려 어느 정도의 변화가 있는 것이 더 좋다.

글씨가
곧 사람이다.
글씨가
곧 사람이다.

나는
귀한 존재이다.
나는
귀한 존재이다.

제일 먼저
인생의 뜻을
바르게 세워라.

제일 먼저
인생의 뜻을
바르게 세워라.

부자는 돈을 위해
일하지 않는다.
부자는 돈을 위해
일하지 않는다.

돈에는
인격이    있다.
돈에는
인격이    있다.

최고의 투자는
절약이다.
최고의 투자는
절약이다.

돈을 쓸 땐
가격보다 가치를
우선하라.

돈을 쓸 땐
가격보다 가치를
우선하라.

사람을  사귈  땐
손익을
계산하지  않는다.
사람을  사귈  땐
손익을
계산하지  않는다.

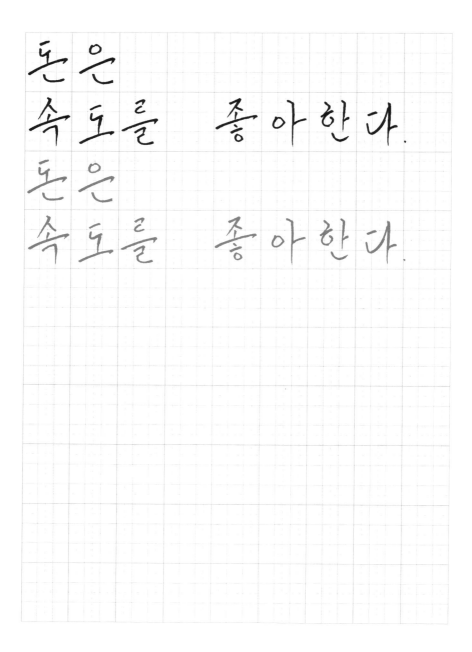

돈은
속도를  좋아한다.

돈은
속도를  좋아한다.

돈을 버는 행동은
수행의 연속이다.

돈을 버는 행동은
수행의 연속이다.

지혜를
세상에 베풀면
몇 배가 되어
돌아온다.
지혜를
세상에 베풀면
몇 배가 되어
돌아온다.

오늘이 내 인생
최고의 날이다.
오늘이 내 인생
최고의 날이다.

돈은 곧
좋은 에너지다.
돈은 곧
좋은 에너지다.

돈은 나를 비추는
거울이다.
돈은 나를 비추는
거울이다.

내　　잠재력은
무한하다.
내　　잠재력은
무한하다.

사람이 우선이다.

사람이 우선이다.

절대, 절대, 절대
포기하지 말자.
절대, 절대, 절대
포기하지 말자.

현재와 미래는
오로지
내 몫이다.

현재와 미래는
오로지
내 몫이다.

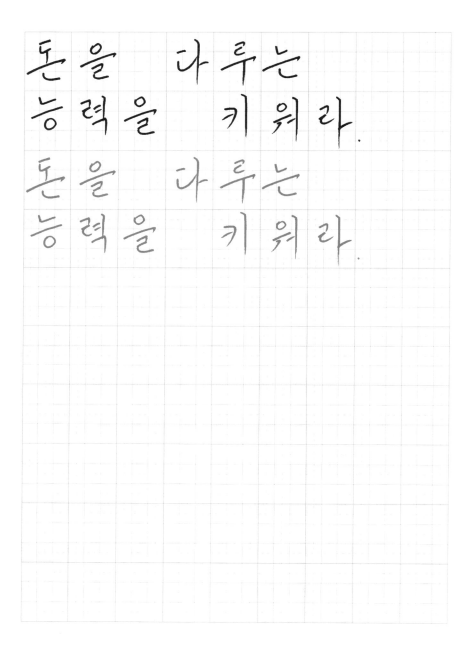

돈을 다루는
능력을 키워라.
돈을 다루는
능력을 키워라.

돈은 그만한
그릇을 지닌
사람에게 모인다.

돈은 그만한
그릇을 지닌
사람에게 모인다.

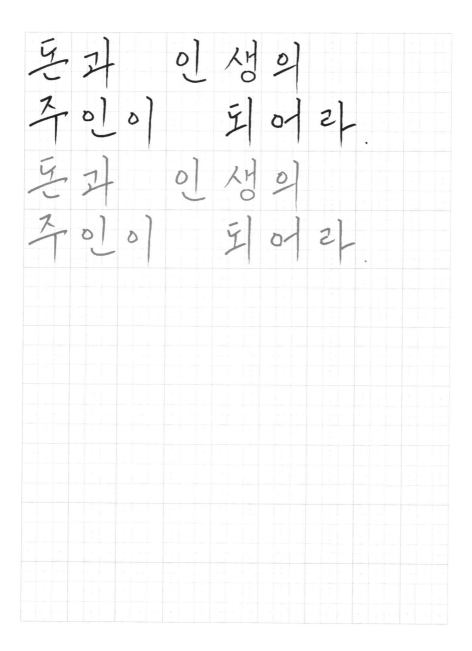

돈과 인생의
주인이 되어라.
돈과 인생의
주인이 되어라.

부에 대해
진지할수록
더 많은 부를
끌어당긴다.
부에 대해
진지할수록
더 많은 부를
끌어당긴다.

상식에서　벗어나면
운이　좋아진다.
상식에서　벗어나면
운이　좋아진다.

상투적인 생각에서
벗어나야
새로운 기회가
생긴다.
상투적인 생각에서
벗어나야
새로운 기회가
생긴다.

내 매력을
드러낼수록
운이 좋아진다.
내 매력을
드러낼수록
운이 좋아진다.

주는 것이
받는 것이다.
주는 것이
받는 것이다.

간절히 원하면
이루어진다.
간절히 원하면
이루어진다.

# 따라 쓰며
# 부자의 성향을 갖춰라

## 부자의 긴 문장 쓰기

글자 사이는 글자의 가로 크기의 1/3 정도를 유지하고 너무 붙여 쓰거나 떨어져 있지 않도록 한다. 단어와 단어 사이, 행과 행 사이는 작은 여유가 있는 정도가 좋다. 글자 크기 등에 어느 정도 일관성이 있어야 하지만 너무 똑같이 쓰려고 노력할 필요는 없다. 숙련이 되면 오히려 어느 정도의 변화가 있는 것이 더 좋다. 기계적인 글씨는 바람직하지 않다.

내가 가진 능력은 오직
끈기뿐이다.

내가 가진 능력은 오직
끈기뿐이다.

나는 실패하지 않는다
나는 단지 효과가 없는
10,000가지 방법을 발견했을
뿐이다.

나는 실패하지 않는다
나는 단지 효과가 없는
10,000가지 방법을 발견했을
뿐이다

닥치고 기다려라 시간의 힘이
너희를 부유케 할 것이다.

닥치고 기다려라 시간의 힘이
너희를 부유케 할 것이다.

승리는 가장 끈기가 있는
사람에게 돌아간다.

승리는 가장 끈기가 있는
사람에게 돌아간다.

아무리 재능이 뛰어나도
노력하지 않으면 평범한
사람으로 머물 수밖에 없다.

아무리 재능이 뛰어나도
노력하지 않으면 평범한
사람으로 머물 수밖에 없다.

당신이 포기할 때 나는
시작한다.

당신이 포기할 때 나는
시작한다.

남들이 가장 어려운 고비를 넘기지 못할 때, 나는 그저 1~2초 더 견뎌냈을 뿐이다.

남들이 가장 어려운 고비를 넘기지 못할 때, 나는 그저 1~2초 더 견뎌냈을 뿐이다.

우리는 우주에 흔적을
남기기 위해 여기에 있다.

우리는 우주에 흔적을
남기기 위해 여기에 있다.

혁신은 총명함이 아닌
인내에서 나온다.

혁신은 총명함이 아닌
인내에서 나온다.

행운이란 진실로 그것을
원하는 사람에게 찾아간다.

행운이란 진실로 그것을
원하는 사람에게 찾아간다

다른 사람으로부터 인정받기
위해선 꾸준히 노력하는 것
외에 다른 방법이 없다.

다른 사람으로부터 인정받기
위해선 꾸준히 노력하는 것
외에 다른 방법이 없다.

첫 번째 단계는 무언가를
가능하게 만드는 것입니다
그러면 다음 가능성이
보이죠.

첫 번째 단계는 무언가를
가능하게 만드는 것입니다
그러면 다음 가능성이
보이죠.

거절에　익숙해져라.

거절에　익숙해져라.

내가 가진 돈은 결국
내가 이룬 성취에 대한
자부심이다.

내가 가진 돈은 결국
내가 이룬 성취에 대한
자부심이다.

기업가가 된다는 건 사업을
시작하는 데 있지 않다
세상을 보는 방식에 있다.

기업가가 된다는 건 사업을
시작하는 데 있지 않다
세상을 보는 방식에 있다.

꿈꾸는 것이 가능하면
그 꿈을 실현하는 것도
가능하다.

꿈꾸는 것이 가능하면
그 꿈을 실현하는 것도
가능하다.

좋아하는 일을 하라
그러면 도전에 더 많은
목적의식이 생긴다.

좋아하는 일을 하라
그러면 도전에 더 많은
목적의식이 생긴다.

상식으로 생각해서 해결책
이 나오지 않을 때는
절호의 찬스라고 생각하라
상식으로 가능한 범위라면
결국 그것은 평범한 것이다.

상식으로 생각해서 해결책
이 나오지 않을 때는
절호의 찬스라고 생각하라
상식으로 가능한 범위라면
결국 그것은 평범한 것이다.

할 수 있다고 믿든, 할
수 없다고 믿든, 결과는
당신이 믿는 대로 될
것이다.

할 수 있다고 믿든, 할
수 없다고 믿든, 결과는
당신이 믿는 대로 될
것이다.

당신은 움추리기보다 활짝
피어나도록 만들어진 존재다.

당신은 움추리기보다 활짝
피어나도록 만들어진 존재다.

미루는 습관을 버리자.
완벽한 때라는 건 결코
없다.

미루는 습관을 버리자.
완벽한 때라는 건 결코
없다.

다른 사람이 욕심을 부릴
때 두려워하고, 다른 사람
이 두려워할 때 욕심을
부려라.

다른 사람이 욕심을 부릴
때 두려워하고, 다른 사람
이 두려워할 때 욕심을
부려라.

이봐, 해봤어?

이봐, 해봤어?

어떤 일을 하기로 했다면
빨리 시작하라.

어떤 일을 하기로 했다면
빨리 시작하라.

신속하게 움직이고 깨버려라.

신속하게 움직이고 깨버려라.

인제든 길은 있다. '어쩔
수 없다' 나 '어렵다' 라
는 말을 하면 할수록
해결과는 멀어질 뿐이다.

인제든 길은 있다. '어쩔
수 없다' 나 '어렵다' 라
는 말을 하면 할수록
해결과는 멀어질 뿐이다.

지금 시작하고 나중에
완벽해져라.

지금 시작하고 나중에
완벽해져라.

오르고 싶은 산을 결정
하면 인생의 절반은 결정
된다. 자신이 오르고 싶은
산을 정하지 않고 걷는
것은 길을 잃고 헤매는
것과 같다.

오르고 싶은 산을 결정
하면 인생의 절반은 결정
된다. 자신이 오르고 싶은
산을 정하지 않고 걷는
것은 길을 잃고 헤매는
것과 같다.

당신의 운명이 결정되는
것은 결심하는 그 순간
이다.

당신의 운명이 결정되는
것은 결심하는 그 순간
이다.

통계에 대한 맹신은 눈과
귀를 어둡게 만든다. 철저
한 분석보다는 직관에 더
의존하라.

통계에 대한 맹신은 눈과
귀를 어둡게 만든다. 철저
한 분석보다는 직관에 더
의존하라.

게임이 룰이 바뀔 때 큰
기회가 온다.

게임이 룰이 바뀔 때 큰
기회가 온다.

모두가 바보라고 할 때
바보 같은 그것을 믿어
불여야 합니다.

모두가 바보라고 할 때
바보 같은 그것을 믿어
불여야 합니다.

판단은 신중하게,
결정은 신속하게,
메모광이 되어라.
전문가의 말을 경청하라.
정상에 올랐을 때
변신하라.

판단은 신중하게,
결정은 신속하게,
메모광이 되어라.
전문가의 말을 경청하라.
정상에 올랐을 때
변신하라.

10년 후에도 바뀌지 않을
것은 무엇일까? 이 질문
이 더 중요하다.

10년 후에도 바뀌지 않을
것은 무엇일까? 이 질문
이 더 중요하다.

가격은 우리가 낸 돈이며
가치는 그것을 통해 얻는
것이다.

가격은 우리가 낸 돈이며
가치는 그것을 통해 얻는
것이다.

부자 옆에 줄을 서라.
부자들이 어떤 사람들인지
알아야 부자가 될 수
있다.

부자 옆에 줄을 서라.
부자들이 어떤 사람들인지
알아야 부자가 될 수
있다.

부자가 가진 돈을 부러워
하기보다 부자가 사는
법을 보고 배워야 한다.

부자가 가진 돈을 부러워
하기보다 부자가 사는
법을 보고 배워야 한다.

열심히 절약하고 모은다면
큰 부자는 못되어도 작은
부자는 될 수 있다.

열심히 절약하고 모은다면
큰 부자는 못되어도 작은
부자는 될 수 있다.

나는 절약이야말로 계획적
인 삶의 필수 요소라고
믿는다.

나는 절약이야말로 계획적
인 삶의 필수 요소라고
믿는다.

노력하고 헌신하고 누구나
성공할 수 있다. 나도 그
중 한 사람일 뿐이다.

노력하고 헌신하고 누구나
성공할 수 있다. 나도 그
중 한 사람일 뿐이다.

희망이 없으면 절약도
없습니다. 우리가 절약하고
아끼는 이유는 무엇일까요
미래를 위해서입니다.

희망이 없으면 절약도
없습니다. 우리가 절약하고
아끼는 이유는 무엇일까요
미래를 위해서입니다.

성공에 겸손하라.

성공에 겸손하라.

연습, 부자로 가는 길  **237**

아무리 보잘것없는 것이라
도 한번 약속한 일은 상
대방이 감탄할 정도로 정
확하게 지켜야 한다.
신용과 체면도 중요하지만
약속을 어기면 서로의
믿음이 약해진다.

아무리 보잘것없는 것이라
도 한번 약속한 일은 상
대방이 감탄할 정도로 정
확하게 지켜야 한다.
신용과 체면도 중요하지만
약속을 어기면 서로의
믿음이 약해진다.

열정, 자신감

당신의 목표를 사람들이
비웃지 않는다면 그건
너무 작은 것이다.

당신의 목표를 사람들이
비웃지 않는다면 그건
너무 작은 것이다.

가장 큰 위험은 위험을
거부하는 것. 급변하는 사
회에서 실패할 수밖에
없는 유일한 전략은
위험을 피하는 것이다.

가장 큰 위험은 위험을
거부하는 것. 급변하는 사
회에서 실패할 수밖에
없는 유일한 전략은
위험을 피하는 것이다.

어마어마하게 야심에 찬
꿈을 진행하는 것은 더
쉬운 일이다. 왜냐하면,
그 누구도 시도할만큼
정신 나가지 않았기 때문
에 경쟁자가 거의 없기
때문이다.

어마어마하게 야심에 찬
꿈을 진행하는 것은 더
쉬운 일이다. 왜냐하면,
그 누구도 시도할만큼
정신 나가지 않았기 때문
에 경쟁자가 거의 없기
때문이다.

성공은 매일 조금씩 성장
하는 것이다. 결과를 당연
히 여기지 않고 가치를
부여하는 것, 자신을 믿는
것, 자신을 희생하는 것,
용기를 갖는 것, 거기에
성공이 있다.

성공은 매일 조금씩 성장
하는 것이다. 결과를 당연
히 여기지 않고 가치를
부여하는 것, 자신을 믿는
것, 자신을 희생하는 것,
용기를 갖는 것, 거기에
성공이 있다.

가난하게 태어나는 것은
당신의 실수가 아니지만
죽을 때도 가난한 건
당신의 실수이다.

가난하게 태어나는 것은
당신의 실수가 아니지만
죽을 때도 가난한 건
당신의 실수이다.

내가 가진 돈은 결국
내가 이룬 성취에 대한
자부심이다.

내가 가진 돈은 결국
내가 이룬 성취에 대한
자부심이다.

남의 이야기를 듣는 데
시간을 낭비하지 마라.
중요한 것은 마음과 직관
을 따르는 용기를 갖는
것이다.

남의 이야기를 듣는 데
시간을 낭비하지 마라.
중요한 것은 마음과 직관
을 따르는 용기를 갖는
것이다.

자신이 할 수 있다고
생각하든 할 수 없다고
생각하든 당신이 옳다.

자신이 할 수 있다고
생각하든 할 수 없다고
생각하든 당신이 옳다.

정직은 아주 비싼 재능
이다. 싸구려 인간들에게
기대 말라.

정직은 아주 비싼 재능
이다. 싸구려 인간들에게
기대 말라.

모험심, 독창성, 용기, 변화 욕망

실수를 저지른 사람에게
두 번째 기회를 줘라.

실수를 저지른 사람에게
두 번째 기회를 줘라.

10년 후에도 바뀌지 않을 것은 무엇일까? 이 질문이 더 중요하다.

10년 후에도 바뀌지 않을 것은 무엇일까? 이 질문이 더 중요하다.

어떤 일을 끝냈다는 기분
은 아주 효과 좋은 수면
제다.

어떤 일을 끝냈다는 기분
은 아주 효과 좋은 수면
제다.

때로는 꿈을 꾸는 것을
멈추고 깨어나는 것이
중요하다. 정말 위대한
꿈이라면 붙잡아라.

때로는 꿈을 꾸는 것을
멈추고 깨어나는 것이
중요하다. 정말 위대한
꿈이라면 붙잡아라.

남들이 안전하다고 생각하
는 것보다 더 큰 위험에
도전하라. 남들이 합리적이
라고 생각하는 것보다 더
큰 꿈을 꿔라.

남들이 안전하다고 생각하
는 것보다 더 큰 위험에
도전하라. 남들이 합리적이
라고 생각하는 것보다 더
큰 꿈을 꿔라.

복제할 수 없는 무언가를
만드는 능력은 엄청난 가
치를 지닌다.

복제할 수 없는 무언가를
만드는 능력은 엄청난 가
치를 지닌다.

세상은 너 자신이 어떻게
생각하든 상관하지 않는다
세상이 너희들한테 기대하
는 것은 네가 스스로 만
족하다고 느끼기 전에
무엇인가를 성취해서 보여
줄 것을 기다리고 있다.

세상은 너 자신이 어떻게
생각하든 상관하지 않는다
세상이 너희들한테 기대하
는 것은 네가 스스로 만
족하다고 느끼기 전에
무엇인가를 성취해서 보여
줄 것을 기다리고 있다.

좋든 싫든, 인생은 일종의
게임이다.
이런 사실을 부정하는 사
람, 게임을 거부하는 사람
은 방관자로 남을 뿐이다
나는 방관자가 되고 싶지
않았다.

좋든 싫든, 인생은 일종의
게임이다.
이런 사실을 부정하는 사
람, 게임을 거부하는 사람
은 방관자로 남을 뿐이다
나는 방관자가 되고 싶지
않았다.

가장 큰 위험은 위험을
감수하지 않는 것이다.
세상은 너무 빨리 변하기
에 위험을 감수하지 않는
건 실패로 이어진다.

가장 큰 위험은 위험을
감수하지 않는 것이다.
세상은 너무 빨리 변하기
에 위험을 감수하지 않는
건 실패로 이어진다.

스스로 아이디어를 내고
검증해볼 생각은 않고,
책 속에만 답을 찾고 권위
에만 의존한다면 창의력은
죽고 만다. 창의력이 없으
면 획기적인 변화도 없다.

스스로 아이디어를 내고
검증해볼 생각은 않고,
책 속에만 답을 찾고 권위
에만 의존한다면 창의력은
죽고 만다. 창의력이 없으
면 획기적인 변화도 없다.

기회는 항상 있습니다.
만약 당신이 찾으려고만
한다면, 기회는 어디에든
있습니다.

기회는 항상 있습니다.
만약 당신이 찾으려고만
한다면, 기회는 어디에든
있습니다.

돈을 제대로 이해하라.

돈을 제대로 이해하라.

겸손함과 자신을 굽히지
않는 강인함을 양립하라.

겸손함과 자신을 굽히지
않는 강인함을 양립하라.

비전이 크면, 경쟁자도
없다.
크게 생각하고, 크게 행동
하고, 크게 꿈꾸어라.

비전이 크면, 경쟁자도
없다.
크게 생각하고, 크게 행동
하고, 크게 꿈꾸어라.

이 세상에서 성공의 비결
이란 것이 있다면 그것은
타인의 관점을 잘 포착해
그들의 입장에서 사물을
볼 수 있는 재능, 바로
그것이다.

이 세상에서 성공의 비결
이란 것이 있다면 그것은
타인의 관점을 잘 포착해
그들의 입장에서 사물을
볼 수 있는 재능, 바로
그것이다.

당신이 해야 할 일보다
조금만 더 하라. 그러면
미래는 저절로 풀릴 것
이다.

당신이 해야 할 일보다
조금만 더 하라. 그러면
미래는 저절로 풀릴 것
이다.

부족한 건 돈이 아니라
미래에 대한 통찰이다.

부족한 건 돈이 아니라
미래에 대한 통찰이다.

불경기에도 돈은 살아서
숨 쉰다.
돈의 숨소리에 귀를 기울
여라.

불경기에도 돈은 살아서
숨 쉰다.
돈의 숨소리에 귀를 기울
여라.

잠자는 동안 돈을 벌
방법을 찾지 못하면 죽을
때까지 일하게 될 것이다.

잠자는 동안 돈을 벌
방법을 찾지 못하면 죽을
때까지 일하게 될 것이다.

많은 사람이 실패하는
이유는 돈이 없어서가
아니라, 돈이 많아서이다.

많은 사람이 실패하는
이유는 돈이 없어서가
아니라, 돈이 많아서이다.

아들아, 100가지 문제 중에
99가지 문제의 해답은
돈이란다.

아들아, 100가지 문제 중에
99가지 문제의 해답은
돈이란다.

내가 넘어진 횟수보다
한 번 더 일어서는 것.
이것이 성공이다.

내가 넘어진 횟수보다
한 번 더 일어서는 것.
이것이 성공이다.

생각하지 못하는 사람은
바보이며, 생각하지 않는
사람은 편협한 사람이고,
감히 생각할 엄두도 못
내는 사람은 노예이다.

생각하지 못하는 사람은
바보이며, 생각하지 않는
사람은 편협한 사람이고,
감히 생각할 엄두도 못
내는 사람은 노예이다.

다음 시대를 먼저 읽고
시대가 쫓아오기를 기다려라.

다음 시대를 먼저 읽고
시대가 쫓아오기를 기다려라.

위험은 자신이 무엇을
하는지 모르는 데서 온다.

위험은 자신이 무엇을
하는지 모르는 데서 온다.

## 부자의 확언 따라 쓰기

마지막으로 연면형 글씨를 연습한다. 연면형 글씨는 쓰기 어렵지만 자꾸
쓰면 쓸 수 있다.

나는
돈을 끌어당기는
자석이다.
나는
돈을 끌어당기는
자석이다.

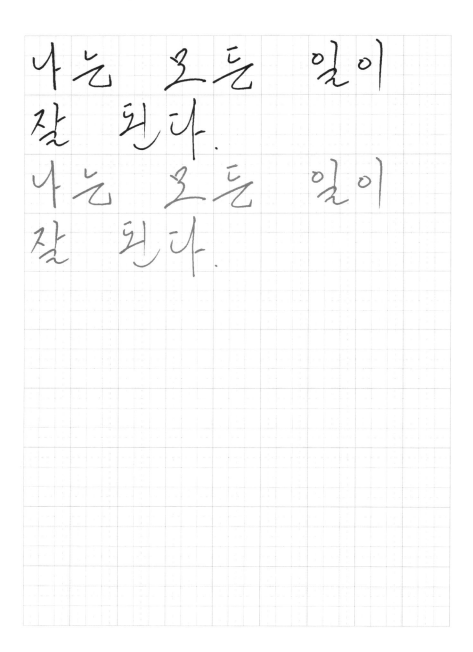

나는 오늘 일이
잘 된다.

나는 오늘 일이
잘 된다.

나에게 좋은 일만
일어난다.
나에게 좋은 일만
일어난다.

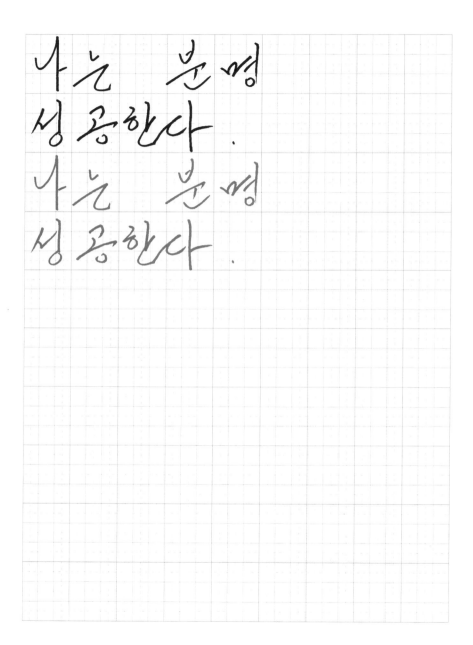

나는 분명
성공한다 .

나는 분명
성공한다 .

나는 최고의 것을
누릴 자격이
있다.

나는 최고의 것을
누릴 자격이
있다.

나에게는 충분한
돈이 있다.
나에게는 충분한
돈이 있다.

나는 매일
성장하고
발전한다.

나는 매일
성장하고
발전한다.

나는 내가 원하는
삶을 산다.
나는 내가 원하는
삶을 산다.

나는 지금의 나를
사랑한다.
나는 지금의 나를
사랑한다.

내 삶은 풍요로운
것으로 채워진다.
내 삶은 풍요로운
것으로 채워진다.

나는 나이 드는

것이 좋다.

나는 나이 드는

것이 좋다.

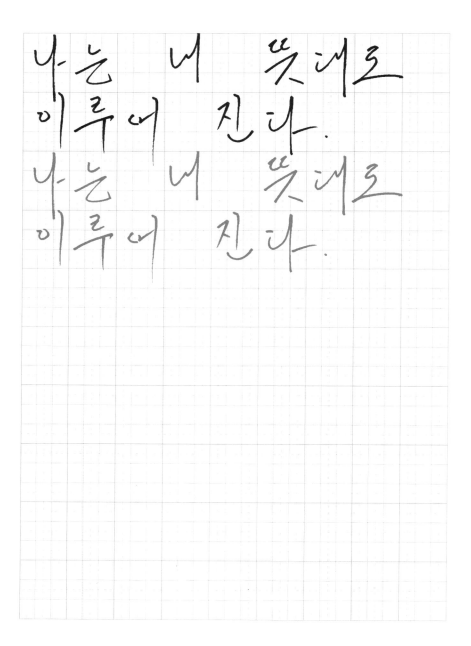

나는 내 뜻대로
이루어 진다.
나는 내 뜻대로
이루어 진다.

나는 마음을 열고
부를 받아들인다.
나는 마음을 열고
부를 받아들인다.

나는 지금 당장
시작한다.

나는 지금 당장
시작한다.

나에게는 문제를
해결할 지혜가
있다.
나에게는 문제를
해결할 지혜가
있다.

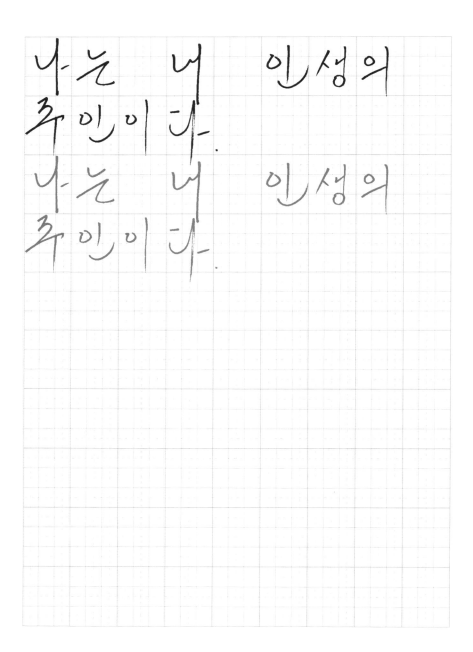

나는 너 인생의
주인이다.

나는 너 인생의
주인이다.

내가 가진 모든 것에 감사한다.

내가 가진 모든 것에 감사한다.

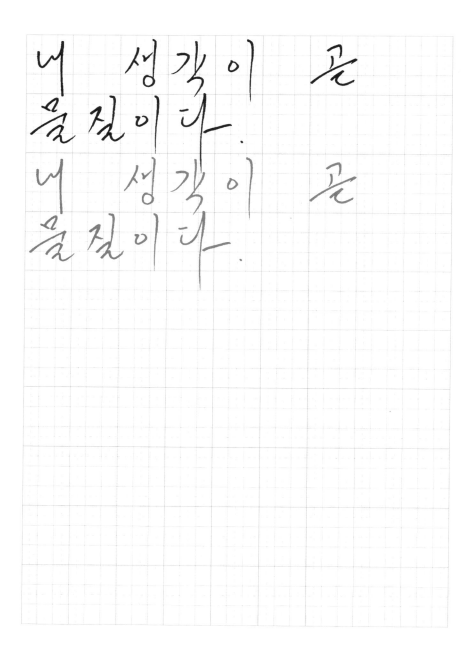

내 생각이 곧
물질이다.

내 생각이 곧
물질이다.

## 나만의 부자 서명 만들기

서명은 자신을 드러내는 의미이고 자주 쓰기 때문에 서명 연습은 매우 중요하다. 읽기 어렵거나 지나치게 장식적인 것은 피하고 이름을 알아 볼 수 있도록 명료하게 쓰는 게 좋다. 다른 글자보다 조금 더 크게 쓰거나 같은 크기로 쓴다. 성공한 사람들 중에는 멋진 서명을 가진 경우가 많다. 멋진 서명을 갖기 위해서 노력하라.

예를 들면, 마지막 글자가 'ㄴ', 'ㄷ', 'ㄹ' 등으로 끝나는 경우 마지막 획을 오른쪽으로 45도 정도 올려 쓰는 것이 좋다. 'ㅣ'와 같이 모음으로 끝나는 경우에는 세로선을 길게 하고 마지막 획의 끝부분을 꺾어 올리는 것이 좋다.

부자의 글씨

부자의 글씨

## 참고문헌

구본진. 『어린아이 한국인 : 글씨에서 찾은 한국인의 DNA』. 김영사. 2015.

구본진. 『필적은 말한다 : 글씨로 본 항일과 친일』. 중앙북스. 2009.

구본진. 『필체를 바꾸면 인생이 바뀐다』. 샘앤파커스. 2020.

김태훈. 『신격호는 어떻게 거인 롯데가 되었나』. 성안북스. 2014.

이병철. 『호암자전』. 나남. 2014.

정주영. 『시련은 있어도 실패는 없다』. 제삼기획. 제3판. 2009.

정주영. 『이 땅에 태어나서』. 솔. 1998.

최진주·문향란·남보라. 『세계 슈퍼리치』. 어바웃북. 2012.


나심 니콜라스 탈레브. 차익종 외 1명 옮김. 『블랙 스완』. 동녘사이언스. 2018.

나폴레온 힐. 김정수 편역. 『성공의 법칙』. 중앙경제평론사. 2015.

디에고 엔리케 오소르노. 김유경 옮김. 『카를로스 슬림』. 현대지성. 2016.

라이너 지텔만. 김나연 옮김. 『부의 해부학』. 토네이도. 2020.

류스잉·펑정. 양성희 옮김. 『마윈 : 세상에 어려운 비즈니스는 없다』. 열린책들. 2015.

롭 무어. 이진원 옮김. 『결단』. 다산북스. 2019.

린쥔. 박주은 옮김. 『류촨즈의 경영 혼』. 랜덤하우스 코리아. 2011.

마쓰시타 고노스케. 김정환 옮김. 『영원한 청춘』. 거름. 2001.

모건 하우절. 이지연 옮김. 『돈의 심리학』. 인플루엔셜. 2021.

빌 게이츠. 안진환 옮김. 『생각의 속도』. 청림출판. 1999.

스기모토 다카시. 유윤한 옮김. 『손정의 300년 왕국의 야망』. 서울문화사. 2018.

아라이 나오유키. 김윤수 옮김. 『부자의 집사』. 다산4.0. 2016.

앤드류 카네기. 미래경제연구회 옮김. 『카네기 자서전』. 선영사. 1988.

에슐리 반스. 안기순 옮김. 일론 머스크, 『미래의 설계자』. 김영사. 2015.

오프라 윈프리. 송연수 옮김. 『내가 확실히 아는 것들』. 북하우스. 2014.

이즈미 마사토. 김윤수 옮김. 『부자의 그릇』. 다산북스. 2020.

제레미 밀러. 이민주 옮김. 『워런 버핏, 부의 기본 원칙』. 북하우스. 2019.

제임스 클리어. 이한이 옮김. 『아주 작은 습관의 힘』. 비즈니스북스. 2019.

제프 베이조스. 이영래 옮김. 『제프 베이조스, 발명과 방황』. 위즈덤하우스. 2021.

조지 소로스. 이건 옮김. 『억만장자의 고백. 북돋움』. 북돋움. 개정판. 2014.

존 D. 록펠러. 이지은 옮김. 『록펠러의 부자가 되는 지혜』. 에이케이커뮤니케이션즈. 2017.

짐 론. 박옥 옮김. 『드림리스트』. 프롬북스. 2012.

크리스티나 워드케. 박수성 옮김. 『OKR』. 세종서적. 2018.

주디 L. 해즈데이. 박수성 옮김. 『저커버그 이야기』. 움직이는 서재. 2016.

J. 폴 게티. 김진준 옮김. 『큰 돈은 이렇게 벌어라』. 문학사상. 1993.

필 나이트. 안세민 옮김. 『슈독』. 사회평론. 2016.

콜린 브라이어·빌 카. 유정식 옮김. 『순서파괴』. 다산북스. 2021.

키스 캐머런 스미스. 신솔잎 옮김. 『더 리치』. 비즈니스북스. 2020.

헨리 포드. 이주명 옮김. 『나의 삶과 일』. 필맥. 2019.

贾治辉. 『笔迹学』. 法律出版社. 2010.

刘兆钟. 『笔迹探秘』. 上海科技教育出版社. 1997.

林景怡. 『无声世界：笔迹与性格 61续』. 漓江出版社. 1992.

范列·孙庆军. 『从笔迹看人生』. 教育科学出版社. 1992.

佘期天. 『笔迹破解』. 陕西旅游出版社. 1994.

熊年文. 『笔迹·性格·命运』. 中央编译出版社. 2011.

张福全. 『笔迹心理分析』. 时代出版传媒股份有限公司. 安徽人民出版社. 2010.

张伟朝. 『笔迹与性格解析』. 南海出版公司. 2000.

郑日昌 主编. 『笔迹心理学：书写心理透视与不良个性矫正』. 辽海出版社. 2000.

钟芜 冰泳. 『笔迹心理探秘』. 黄山书社. 1992.

陈今朝. 『笔迹个性分析技术』. 中国城市出版社. 2005.

肖晓·毅弘·伊静. 『笔迹与性格：洞开一扇探测人生的窗口』. 学林出版社. 1990.

韩静. 『笔迹与性格』. 海南三环出版社. 1999.


根本 寛. 『こわいほど当たる筆跡診断』. 廣済堂出版. 2005.

森岡恒舟. 『ホントの性格が筆跡でわかる』. 旬報社. 1999.

魚住和晃. 『現代筆跡學序論』. 文藝春秋. 2001.

林香都惠. 『筆跡お　変えれば　自分も　変わる』. 日本實業出版社. 2007.

槙田 仁. 『筆跡性格學 入門』. 金子書房. 2003.

丸山静香. 『グラフォロジー・コンサルティング』. 幻冬舎ルネッサンス. 2007.


Amend, Karen Krinstin . Ruiz, Mary Stansbury. Handwriting Analysis. New Page Books. 1980.

Bloomberg, Michael. Bloomberg by Bloomberg. John Wiley & Sons Inc. 2001.

Colombe, Paul de Saint. Grapho-Tharapeutics. Eleventh Printing. 1996.

Downey, June E. Graphology and the Psychology of Handwriting. Warwick & York, Inc. 1919.

Hagen, Hugo J. von. Graphology ; how to read character from handwriting ; studies in character reading, a text-book of graphology for experts, students and laymen. Nabu Press. 2010.

Hargreaves, Gloria & Wilson, Peggy. A Dictionary of Graphology. Peter Owen. 1991.

Hayes, Reed. Between the Lines. Destiny Books. 1993.

Imberman, Arlyn J. . Rifkin, June. Signature for Success : How to Analyze Handwriting and Improve Your Career, Your Relationships, and Your Life. Andrews McMeel Publishing. 2003.

Jacoby, H. J. Analysis of Handwriting : An Introduction Into Scientific Graphology. Kingman Press. 2011.

Kane, Daniel. The Sino-Jurchen Vocabulary of the Bureau of Interpreters. Indiana University. 1989.

Klein, Felix. Gestalt Graphology. iUniverse. 2007.

Levitt, Irene B. Brain Writing : How to See Inside Your Own Mind and Others' with Handwriting Analysis. The Oaklea Press. 2004.

Lowe, Sheila R. Handwriting Analysis. Alpha. 2007.

Lowe, Sheila R. Handwriting of the Famous and Infamous. MetroBooks. 2001.

Mahony, Ann. Handwriting & Personality. Henry Holt and Company. 1989.

McNichol, Andrea. Handwriting Analysis : Putting It to Work for You. Contemporary Books. 1991.

Morris, Ron N. Forensic Handwriting. Academic Press. 2000.

Olyanova, Nadya. The Psychology of Handwriting : Secrets of Handwriting Analysis. Wilshire Book Company. 1960.

Poe, Edgar Allan. A Chapter On Autography. Chez Jim Books. 2004.

Poizner, Annette. Clinical Graphology : An Interpretive Manual for Mental Health Practitioners. Charles C Thomas Pub Ltd. 2012.

Roman, Klara G. Handwritings. Pantheon Books. 1952.

Saudek, Robert. Psychology of Handwriting. Kessinger Publishing, LLC. 2003.

Sears, Julia Seton. Grapho Psychology. Kessinger Publishing, LLC. 2004.

Seifer, Marc J. The Definitive Book of Handwriting Analysis : The Complete Guide to Interpreting Personalities, Detecting Forgeries, and Revealing Brain Activity Through the Science of Graphology. Career Press. 2008.

Singh, Manhardeep. 14 Strokes of Billionaires. Readers. 2017.

Sonnemann, Ulrich. Handwriting Analysis as a Psychodiagnostic Tool : A Study In General And Clinical Graphology. Kessinger Publishing, LLC. 2006.

Stocker, Richard Dimsdale. The language of handwriting : a textbook of graphology. RareBooksClub.com. 2012.

Various. Graphology and Criminology : A Collection of Historical Articles on Signs of Deviance in Handwriting. Garnsey Press. 2011.

Yalon, Daphna. Graphology Across Cultures : A Universal Approach to Graphic Diversity. The British Institute of Graphologists. 2003.


Beer, Ulrich. Graphologie : Handschrift ist Herzschrift. Centaurus. 2003.

Crépieux-Jamin, J. und Krauss, H. Die Graphologie und ihre praktische Anwendung. Bibliolife. 1923.

Dettweiler, Christian. Von der Graphologie zur Schriftpsychologie. Verlag Grundlagen und Praxis Leer. 1997.

Klages, Ludwig. Handschrift und Charakter. Bouvier. 2008.

Knobloch, Hans. Graphologie : Exemplarische Einführung. Verlag für angewandte Wissenschaften. 1998.

Leonhardt, Walter R. Das Reich der Handschriftenanalyse. Bohmeier Verlag. 2010.

Ploog, Helmut. Handschriften deuten. Humboldt. 2008.

Wallner, Teut. Lehrbuch der Schriftpsychologie : Grundlegung einer systematisierten Handschriftendiagnostik. Asanger Verlag GmhH Kröning. 2010.


Crepieux-Jamin, Jules. ABC de la graphologie. Puf. 2010.

Estier, Marylène et Nathalie Rabaud. La graphologie pour mieux se connaître. Eyrolles. 2008.

Sardin, Michelle. La graphologie. Eyrolles. 2010.

부와 운을 끌어당기는 최상위 부자의 필체

# 부자의 글씨

**초판 1쇄 발행** 2021년 10월 6일
**초판 3쇄 발행** 2021년 12월 24일

**지은이** 구본진
**펴낸이** 김선식

**경영총괄** 김은영
**책임편집** 이영진 **디자인** 마가림 **책임마케터** 이고은
**콘텐츠사업5팀장** 박현미 **콘텐츠사업5팀** 차혜린, 마가림, 김민정, 이영진
**마케팅본부장** 권장규 **마케팅2팀** 이고은, 김지우
**미디어홍보본부장** 정명찬 **홍보팀** 안지혜, 김민정, 이소영, 김은지, 박재연, 오수미, 이예주
**뉴미디어팀** 허지호, 박지수, 임유나, 배한진 **리드카펫팀** 김선욱, 염아라, 김혜원, 이수인, 석찬미, 백지은
**저작권팀** 한승빈, 김재원 **편집관리팀** 조세현, 백설희
**경영관리본부** 하미선, 박상민, 김소영, 안혜선, 윤이경, 이소희, 이우철, 김재경, 최완규, 이지우, 김혜진, 오지영
**외주스태프** 본문디자인 이재원 표지촬영 타임온미 스튜디오

**펴낸곳** 다산북스 **출판등록** 2005년 12월 23일 제313-2005-00277호
**주소** 경기도 파주시 회동길 490 다산북스 파주사옥
**전화** 02-704-1724 **팩스** 02-703-2219 **이메일** dasanbooks@dasanbooks.com
**홈페이지** www.dasan.group **블로그** blog.naver.com/dasan_books
**종이** ㈜IPP **인쇄** 영진문원 **제본** 상지사 **코팅·후가공** 평창피앤지

ISBN 979-11-306-0130-4 (03190)

다산북스(DASANBOOKS)는 독자 여러분의 책에 관한 아이디어와 원고 투고를 기쁜 마음으로 기다리고 있습니다.
책 출간을 원하는 아이디어가 있으신 분은 다산북스 홈페이지 '투고원고'란으로 간단한 개요와 취지, 연락처 등을
보내주세요. 머뭇거리지 말고 문을 두드리세요.